キレイはこれでつくれます

MEGUMI

ダイヤモンド社

はじめに

この本を手に取っていただき本当にありがとうございます。

元々グラビアタレントだった私は、年の3分の2を南国で過ごし、
当時流行していた小麦肌への憧れから、
顔に日焼けオイルを塗りたくっていました。
当時はそれでも肌荒れが起きない自分を過信して、
まったくケアをしないどころか、
メイクを落とさないで寝るなんてこともしょっちゅう。

それから10年、私の肌がどうなったかというと、
肌は乾燥でくすみ、クッキリとほうれい線が刻み込まれていました。
それを隠すためにメイクは濃くなる一方。
負のスパイラルが顔面に沸き起こっていたのです。

当時はテレビに出演すると、放送後、

「MEGUMI劣化」「MEGUMIほうれい線」「MEGUMI老けた」

など、見た目に対する容赦ないコメントがネット上にあふれました。

肌が強いと勘違いしていた私は、
一気に言い様のない不安な気持ちに襲われました。


や、やばい……、私、これからどうなるの？

それからというもの、
私は写真を撮られることも、テレビに出ることも怖くなり、
最後は人に会うことさえ嫌になってしまいました。
アクティブな性格も影をひそめ、スッカリ自信を失い、
別人になってしまったのです。
これは顔が劣化したことで、自己肯定感が下がり、
行動力まで失ったという、強烈な体験になりました。

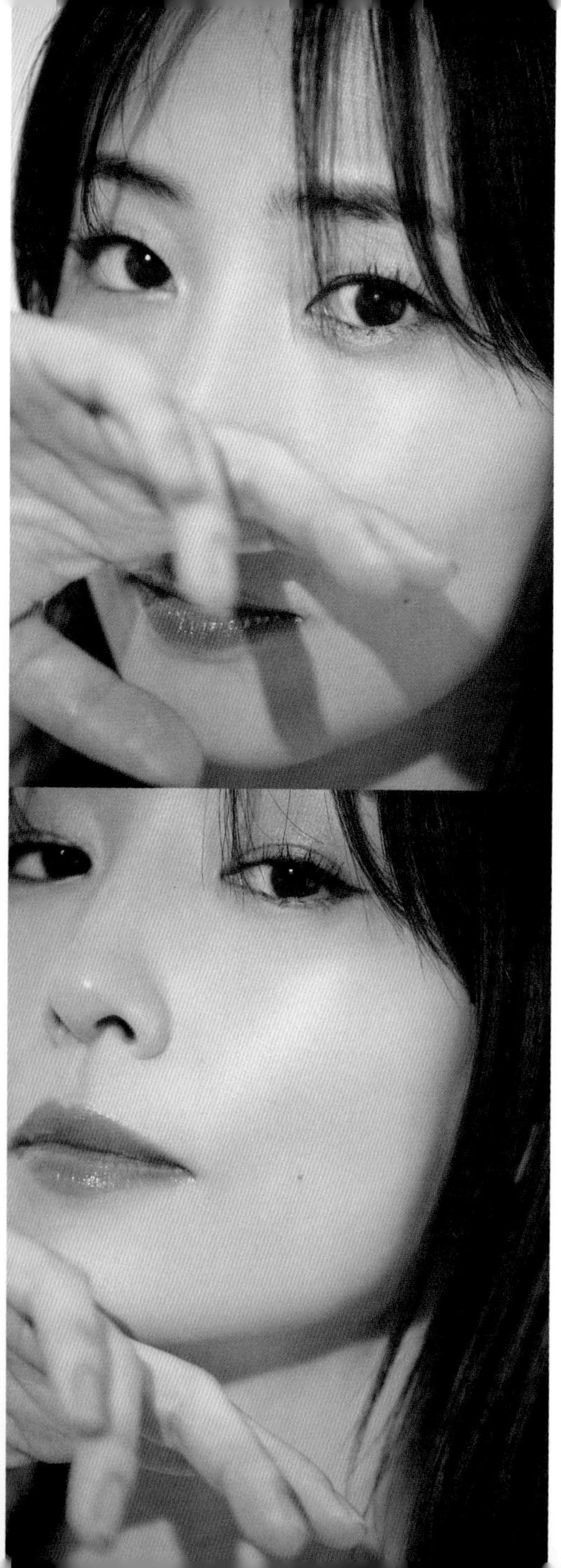

ただ、落ち込み続けたところでまだ30歳。
人生はこれからも続きます。
ならばいままで一切やっていなかった「美容」をガチでやって、
ほうれい線を消して、自信を取り戻そう！
そこで私は気持ちのギアをギューンと切り替えました。

それからは、良いと聞いたことはとにかく試す生活がはじまります。
効果を感じたもの、まったく効かなかったもの、
謎過ぎたもの（笑）など、１０００種類は試したと思います。

そして、美容をはじめて8年。
なんと、ほうれい線が消えたのです！（涙）
それと同時に、見た目だけではなく、
気持ちまでが大きく変化している自分に気がつきました。

この本では、私がさまざまな美容法を試した中で
本当に良かったアイテム、Howtoをご紹介していきます。

女性は、多様な立場を引き受けながら生きている感情的な生き物。
私同様、日々がんばっている読者のみなさんが、
この本で出逢った美容法をきっかけに
美容が習慣化され、人生が明るく輝くことを心から願っています。

2023年3月
MEGUMI

CONTENTS

contents

CHAPTER 2

自分史上最高メイク

make up

contents

CHAPTER 3 記憶に残す女のカラダ body

CHAPTER 4 心を奪う美人のサラ髪 hair

contents

CHAPTER 5 心とカラダをととのえる mental

※本書に掲載されているアイテムは著者の私物です。
※価格は編集部調べ（税込み）（2023年2月現在）　※価格は変動する可能性があります。
※本書は情報提供を目的としており、本書に関する情報の利用は読者自身のご判断で行ってください。本書を利用したことによって生じたあらゆる損害については、すべて読者自身が責任を負うものとし、著者、監修者、出版社はいかなる責任も負わないものとします。

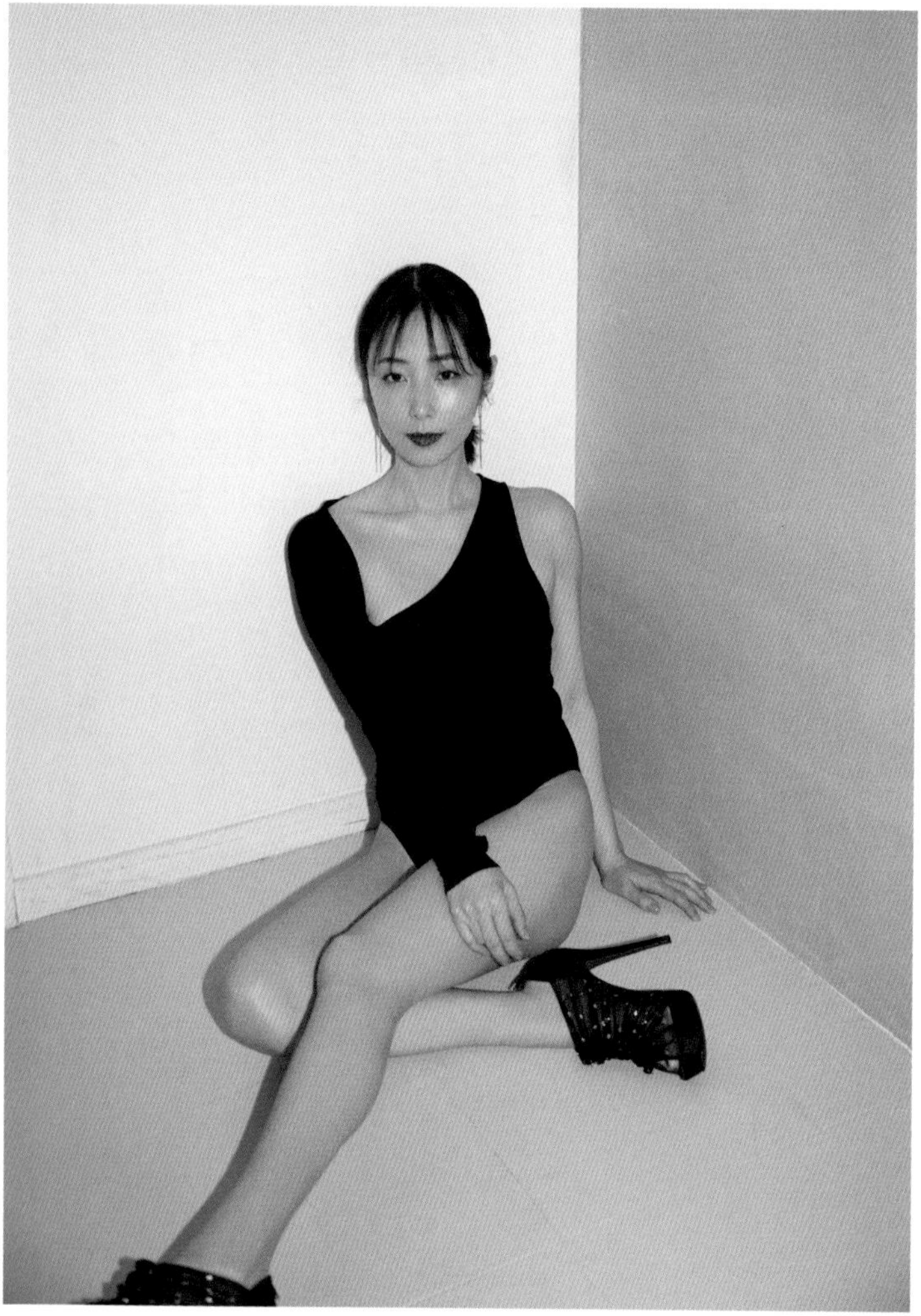

CHAPTER 1

運命を変えるスキンケア

face

001
「シートマスク」最強説
潤いと透明感は
この1枚で手に入る

美容にはまって13年、試した美容法はトータルで1000種類にも上ります。いいものがあると聞けばどこにでも足を運び、身をもってすべて効果をたしかめてきました。

そんな私の美容の原点となったのは、高価な化粧品でも美容医療でもなく、まちがいなく毎日の**「シートマスク」**です。

シートマスクとの出合いは運命的でした。

「はじめに」でもお話ししましたが、私は若い頃、グラビアの撮影で太陽に当たりすぎ、20代後半で誰よりも早く老けました。

ほうれい線が口のまわりにくっきりとうかび、仲間の男性スタッフにつけられたあだ名は「ほうれい」。

「どうにかしたい！」と不安と焦りに駆られていたとき、バラエティー番組の収録で、美肌の代名詞的存在である美容家の故・佐伯チズ先生にはじめてお会いしました。

先生にはまず〝ローションパック〟(コットンに水と化粧水を含ませるパック)をすすめられましたが、「毎日そんなことできません！」と正直な気持ちをお伝えすると「シートマスクでも十分よ。高いものじゃなくていいの。まずは身近なもので肌の奥まで化粧水を入れ込むこと。毎日やってね」と言われました。

この日から私は、ドラッグストアであらゆるシートマスクを試す生活をスタート。するとたった1週間で頬がしっとりやわらかく、一段トーンアップしてまるで別人(！)のようになった自分に気が付きました。

「きれい」は美肌がつくります。それには「水分補給」がすべて。

シートマスクは化粧水を肌に「置く」ことで、手で塗るだけでは行き届かないところまで深く潤いを入れ込む最強アイテム。

1年続けると、肌は見違えるようになって、「私は変わった」と自己肯定感が自然と上がり、「最近、何やってるの？」と言われはじめるようになったのも嬉しい変化。

この日から8年。私のほうれい線は消え去りました。「美容はやれば必ず変わる」。

この震えるような体験が私の美容人生のスタートです。

002

続けるなら「ルルルン」一択!

美容をやれば人は必ず変わります。でも「続かない」と結果は出ません。

この「続ける」を考えたとき、シートマスクで言えば、私にとって続けやすいのは圧倒的に**「ルルルンプレシャス」**[*1]。

ティッシュのように1枚ずつ片手で引き出せるパッケージや、つかうたびに罪悪感を感じずにすむ値段設定（「どうせなら最高のものを」と思うことが「続ける」の落とし穴になることもあります）、忙しくても近くのドラッグストアでいつでもどこでも買えることなど、ルルルンは自分の生活と性格にフィットしたものを選び抜いた「結論」です。

貼るのは毎日、朝晩2回。

朝は洗顔後、夜は入浴後にシートを顔に密着。3～5分ほど経って肌の奥が急にひんやりしてきたら、それを合図に剝がします。ちなみに長時間貼ると逆に潤いがシートに取られるので避けること！（これもチズ先生から習いました）。

「女優は高級なスキンケアができるから肌がきれいなんでしょ？」と言われることがありますが、そんなわけありません。私の肌が変わったのは、10年以上、1日も欠かさずシートマスクを続けた結果です。

*1【シートマスク】
（朝）ルルルンプレシャス GREEN（バランス）32枚／¥1,980
（夜）ルルルンプレシャス RED（モイスト）32枚／¥1,870

003

35歳を超えたら「乳液」ではなく「クリーム」

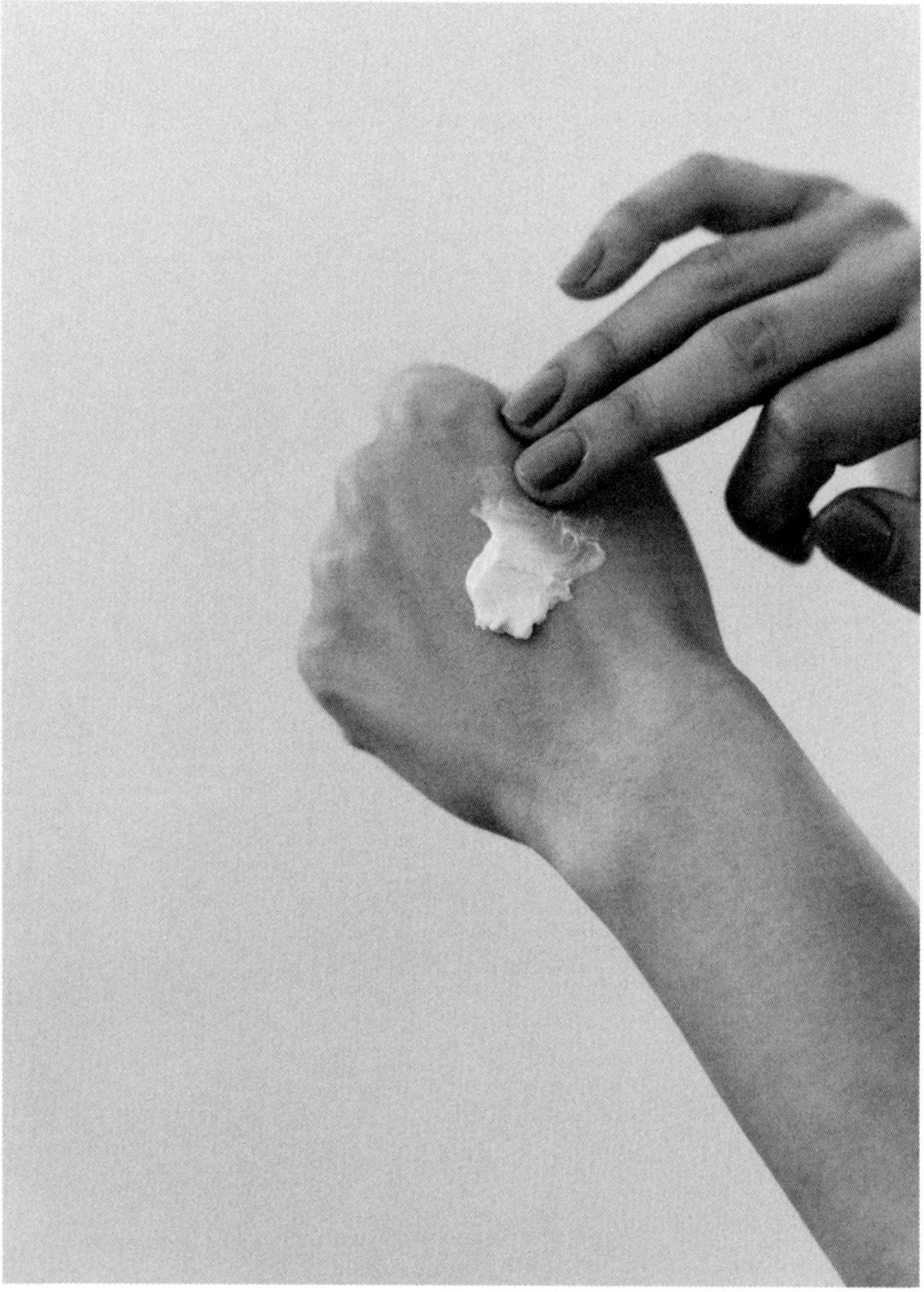

シートマスクで肌という畑を耕したら、次に塗るのがその土壌に最高の養分を与える**「美容液」**。

私の最近のヒットは「NMN」の美容液ELEGADOLLの「NMN Fresh Fiber 6000」*1です。

NMN（ニコチンアミド・モノヌクレオチド）は最近注目されているエイジングケアが期待される成分で、NMN入りの美容液を続けると、私の場合、肌が内側からふっくらしてハリが生まれ、肌を触るたびに自分をより好きになるのを感じます。

美容液で〝養分〟を与えたら、最後は**「クリーム」**でフタをします。

湿度を保つ特別な肌をつくるのは、乳液よりもこっくりと重たいクリーム。シワやタルミをつくる乾燥はなんとしても防ぎたいので、油分たっぷりのクリームで潤いをコーティングし、肌を守ります。

めちゃくちゃ香りがいいので呼吸まで深くなる**CAMYU（カミュ）の「CBDフェイス&ボディローションLEO」***2や、**Otonë（オトネ）の「GENTLE CREAM」***3が私の定番。

このあとに塗る日焼け止めがのりやすいのも気に入っている理由です。

＊1【美容液】
ELEGADOLL NMN Fresh Fiber 6000 6g／¥9,350

＊2【フェイスクリーム】
CAMYU CBDフェイス＆ボディローションLEO 90g／¥9,240

＊3【フェイスクリーム】
Otonë GENTLE CREAM 50㎖／¥6,800

MEGUMI流
朝のスキンケアルーティン

朝はいつも死ぬほど忙しいからこそ、手早くもっとも効果が出る保湿ルーティンを組み立てています。その意味でこれが私が選びぬいた、頼りになるアイテムたち！

step 1 泡洗顔

生クリームのようなやわらかい泡を30〜45秒（アイテムによっては1〜2分）肌に置くだけで汚れを落とせるフォームを使用。摩擦が肌トラブルを呼ぶのでこすらず洗えるものを。

A DUO ザ ブライトフォーム BK 150g／¥3,300
B ONE STONE TWO BIRDS 洗顔だけじゃない＋パックもできる洗顔料 ホワイトプレミアム 150ml／¥2,200

step 2 シートマスク

洗顔後すぐシートマスクを肌に密着させ3〜5分置く。角質層の奥深くがひんやりするのを感じたら剝がし、マスクに残ったローションで首も保湿する。

C ルルルンプレシャス GREEN（バランス）32枚／¥1,980

step 3 美容液

美容液はひとつに決めず、そのときどきで自分の肌に必要なものをセレクト。

D ELEGADOLL NMN Fresh Fiber 6000 6g／¥9,350

step 4 クリーム

肌の乾燥を防ぐため、乳液ではなくクリームでフタを。皮脂の出やすい鼻には塗りすぎないのがポイント。

E CAMYU CBD フェイス＆ボディローションLEO 90g／¥9,240

step 5 リップクリーム

口紅を塗る直前にリップクリームを塗ると色がのらないので、スキンケアのタイミングで唇を保湿しておく。

F ビオデルマ アトデルム リップスティック 4g／¥1,320

step 6 日焼け止め

365日、顔の日焼け止めはマスト。みずみずしく香りのいいアユーラをリピート中。もう８本目！

G アユーラ ウォーターフィールUVジェルα SPF50+・PA++++ 75g／¥3,080

step 7 まつ毛美容液

まつ毛エクステをやめたので、自まつ毛を伸ばすために美容液を塗布。

H まつ毛デラックスWMOA／¥5,500

step 8 頭皮ケア

スキンケアのあとすぐメイクをするとよれるので、肌になじませる時間をつかって頭皮ケア。スカルプブラシで頭皮を押さえてから動かし、グリグリとほぐしていく。30秒ほどで驚くほど顔が引き上がる。

I uka scalp brush kenzan Medium／¥2,420

朝のスキンケアは
これでカンペキ!

004

美容アイテムは置き場が勝負「動線上」に置いて長く続ける

こうしたケアをはじめると、日に日に肌は変わっていきます。

ただ声を大にして言いたいのは「勝負はそこから」ということ！　肌は「変わった」と思っても、やめると必ず元にもどります。

食事と同じように、自分の肌にしっかり水分を与えることは毎日必要。それを「たまにでいい」と思うか「毎日やる」と腹をくくるかで、肌の運命は変わります。

長く続けるなんて気が遠くなりそう……と思われるかもしれませんが、勝手に続くように「設計」すればいいだけです。

ここでおすすめしたいのが自分の「生活の動線上」に美容アイテムを置く方法。たとえばわが家ではシートマスクは洗面所のみならず、キッチンにも置いてあります。

朝、急いでいる時間に家族が洗面所をつかっていたら、キッチンで「ワーッ」と顔を洗って、ときにはキッチンペーパー（！）で顔を拭く私。そのままキッチンでシートマスクをつけながら、家事や支度をする、というぐあいです。朝の慌ただしさがご想像いただけたでしょうか（笑）。

でも、仕事や家族との生活で朝が忙しい人は、きっと共感いただけると思います。そういう人は美容アイテムの置き場所を増やすだけで、生活の中に美容がどんどん入り込み、どんどんきれいになっていきます。

私の場合、その他の化粧品も、置いてあるのは洗面所ではなくリビングのど真ん中。以前は自室に置いていましたが、リビングにあるほうがだんぜん動線がいい！　人から見たら一般的でなくても、自分が「ここならやる」というところなら、リビングでもお風呂場でも寝室でもそこが正解。これは私が保証します。

美容は長く続けることが重要で、「自然なのにめちゃめちゃキレイな人」になるには、日々の積み重ねで底上げするしかありません。だからこそ、自分の生活や動線にいかに美容を入れ込んでいくかが、肌の運命を握るのです。

005
「女優肌」は スチームでつくられる

「女優さんってなんであんなに肌がきれいなんですか？」とよく聞かれます。

もちろん人によってさまざまですが、近くで見ていてひとつ言えるのが、ほとんどの女優さんは毎日「スチーマー」をつかっています。

「スチーマー」はあたたかな蒸気で肌をふっくらやわらかくさせ、くすんだ肌をトーンアップ。化粧ノリをよくして、粉が肌に吸い付くようにぴたりと密着させます。

私は毎日は余裕がないので、家では週に一度、スペシャルケアとしてクレンジングをしながらスチームを浴びるようにしています。普段のクレンジングには「クレンジングウォーター」をつかっていますが、スペシャルケアは**「DUO（デュオ）ザ クレンジングバーム」**[*1]にチェンジ。あたたかなスチームで毛穴を開きながら汚れを落とすと、肌がトロトロとやわらかくなり、目に見えない毛穴の汚れもとことん落ちます。

クレンジングのあとの洗顔は、生クリームのような泡で出てくる**洗顔料**[*2]で肌をつつみ、こすらず時間を置いて流すだけ。なるべく肌を触りません。

肌は水分補給の前に「汚れを取ること」がとても大事。週に一度、スチームを浴びながらメイクを落とすのは、肌の透明感をキープするため。スチームのあとは保湿するのも忘れずに！

＊1【クレンジングバーム】
DUO ザ クレンジングバーム90g／¥3,960

＊2【洗顔料】
DUO ザ ブライトフォームBK 150g／¥3,300
ONE STONE TWO BIRDS 洗顔だけじゃない＋パックもできる洗顔料 ホワイトプレミアム 150mℓ／¥2,200

006

スチーマーは「5000円」くらいのものでも十分

わが家の**フェイススチーマー**[*1]は、Amazonで1万円以下で購入したもの。メイクさんに「安くてもいいものがたくさんあるよ」と聞いて探したところ、スチーム量が抜群で本当に満足！

高機能だとつかいこなせないし、何万円もする高価なものをいきなり買っても「やっぱりつかわなかった」ということもありえます。だからまずは気軽に買えるもので「生活にスチーマーを導入する」ところから試してみるのはおすすめです。

スチーマーに最低限欲しい機能は2つ。「温かいスチームが出る」ことと、「スチームの量が多い」こと。毛穴を開くには温かいスチームでないとダメだし、浴びる蒸気が多いほど肌が潤うからです。

スチーマーの中身については「水道水」で十分[*2]だと思っています。私も精製水（不純物を除いた水）ではなく水道水をつかっていますが、蛇口をひねるだけでつかえる気軽さこそが「続く理由」になっています。何度も言いますが美容は続けることがいちばん大事。「安さ」「続けやすさ」を味方につけるのが「賢い女の戦略」です。

*2
商品による

*1【フェイススチーマー】
FESTINO フェイシャル モイスト ナノスチーマー
ホワイト／¥8,800

007

「ポイントメイク」は最初に落として色素沈着を未然に防ぐ

クレンジングは「バーム」か、「保湿」がプラスオンされた**「クレンジングウォーター」**[*1]をつかうので、オイルと違って肌にやさしいぶん、しっかりメイクを落とす力は弱め。

そのため、ポイントメイクだけは**OSAJI（オサジ）の「ポイントメイクリムーバー」**[*2]で最初に落としてしまいます。

リムーバーで落とすのは、「アイメイク」と「リップ」。

色素が沈着しやすく、皮膚がデリケートな部分なので、落とすときは絶対こすらないようにしています。

リムーバーをコットンに含ませ、目もとと口もとに数秒置いたら、すっと取る。摩擦は肌の大敵でシワ・肝斑のもとになります。洗顔とクレンジングで、「いかに肌をこすらないか」は半年後の肌の運命を分けると言っても過言じゃない。

目もとと口もとのメイクは手早くかつ慎重に落とすこと。これを続けて繊細な肌を生まれたままの色素に保ち、にごりのないクリーンな印象をつくり出します。

＊1【クレンジングウォーター】
SISI I'm Your HERO 230㎖／¥3,980
ビオデルマ サンシビオ エイチツーオー D 250㎖／¥2,783

＊2【ポイントメイク落とし】
OSAJI ポイントメイクリムーバー 80㎖／¥2,750

008

肌は「くすみ」を取らないと どうにもならない

年齢を重ねると、残念ながらだまっていても「圧」が出ます（笑）。だから「話しかけられやすい顔」でいることは男女を問わずとても大事。そのほうがいい出会いやチャンスにも恵まれると思っています。

くすみのない「光」と「透明感」にあふれた肌を持つ女性には、人が集まり素敵な出会いがあふれている。だから女はまず「くすみ」を取らないとどうにもならない！

古い角質を剝がして透明度の高い肌をつくるために私が5年以上続けているのが週に1回の**「クレイパック」**。クレイ、つまり泥は、ミネラルを含み普段のクレンジングでは落とせない汚れや余分な角質を剝がす力があります。1回のパックで顔が明るく、肌はやわらかく、毛穴の引き締め効果も期待できます。

私はお風呂で体を温めながら、洗顔後、何もつけない状態で、海底泥を含む**ネロリラ ボタニカの「アースマスク」**[*1]などを顔全体に塗布します。あとはそのまま15分、湯船につかって流すだけ。

くすみの消えた肌は、一段白く、抜けたような透明度を見せます。

週に一度、クレイパックをすることで、ハッとするようなにごりのない肌を取りもどして、素敵な「運」と「出会い」のチャンスにそなえます。

＊1【クレイパック】
ネロリラ ボタニカ アースマスク65g／¥4,950
イニスフリー スーパーヴォルカニック ポア クレイマスク 2X 100mℓ／¥1,760

009

女優も知りたがる！ 透明感を上げる「植物ピーリング」

テレビで紹介したとき、共演した女性陣や番組を見た女優さんたちの食い付きがダントツだったのが、植物の力で角質や汚れを取る**「植物ピーリング」**。

これは天然の植物由来のパウダーで、ソフトにピーリングして肌を活性化させるというトリートメントで、肌の透明感が劇的に上がり、若い頃のふっくらした肌質に近づけます。

私が長年通っているのは、**「銀座ROSSO」**の**「陶肌（とうき）トリートメント」**[*1]。

サロンで家庭用アイテムも販売しているので、家でもときどき顔のゴマージュをしています。鼻につけて剥がすと、一枚ペロッと膜が剥がれるような感じがして、いちご鼻が気になるときにいいんです。

＊1【美容サロン】
「銀座ROSSO」
〒104-0061 東京都中央区銀座1-8-14 銀座大新ビル 6F
TEL 03-5524-2021

010

歳を重ねると なぜ目は縮むのか なぜ鼻は大きくなるのか？

悲しいかな、年齢が上がると目の下の皮膚が垂れてきます。

垂れた皮膚を手術で取る方法もありますが、不自然になることも。そこで私は顔の筋トレを続けています。

私がYouTubeを見てあれこれ試した中で「効果がものすごい！」と感動したのは、「アラ還 おきゃんママの若見えチャンネル」と「美容整体のうちやま先生。」[*1]。最初は動画の通り顔を動かすのが難しいのですが、続けるうちにできるようになってきます。

とくにおきゃんママの舌をかみながら下まぶたを上げる筋トレ[*2]の効果は抜群。目の下が老けなければいくつになっても目が「顔の華」になるのでおすすめです。

また、スキンケアを頑張っていると「鼻が赤くなった！」ということ、ないでしょうか？ 私はあります。

*1【YouTube】
美容整体のうちやま先生。
https://www.youtube.com/@biyouseitai-uchiyama

*2【目の下のたるみストレッチ】
アラ還 おきゃんママの若見えチャンネル @user-to7bz2mp8u 「目の下の筋肉を徹底的に強化する！眼輪筋ストレッチで若々しい目元に！」

いまも鼻が赤くなりやすいのは継続した悩みです。

皮膚科の先生によると、鼻は皮脂が出やすいため、脂が酸化して赤くなるのだそう。以来、私は鼻へのクリームの塗り過ぎを避け、油分の多いものは最後にさっと触るくらいにしています。


年齢にともない「鼻が大きくなる」のも要注意。これは鼻が加齢による骨格の変化とたるみで、横に広がるからなのだそう。

鼻は顔の中心にあって広がると印象が変わるので、適切なケアとマッサージをして、鼻すじを通すようにしています。

こちらもYouTubeを参考に、指でほぐして元の位置にもどすマッサージ（いろいろあるので気になったものを）続けています。内側に入れ込むことで、広がった鼻がほんの少し元にもどるのを感じます。

顔のパーツは、もんで動かぬところはないというのが私の持論！　気になるところがあればもんでほぐして元の位置にもどす。目や口や鼻の境界線があいまいになるのが「老化」なので、くっきりさせることを心がけてマッサージをしています。

011

歳を重ねると なぜ顔の下半身が「伸びる」のか？

人間の何が老けて見せるかというと、顔の下半分が伸びること！

若いときは鼻からあごまでがキュッと短いけれど、年齢にともなう骨格の変化と重力で顔の下半分が伸びてきます。

さらには口角も下がり口全体が前に出て、残念なオランウータン顔に！

以前、ほうれい線を消すためにありとあらゆる情報を探していたとき、「顔　ほうれい線　消える　筋トレ」と検索してヒットしたのが**歯科医師の是枝伸子先生。**

私は是枝先生の本[＊1]と出会って、顔の下半身を短くする筋トレをはじめたおかげで、明らかに口周りの変化を阻止できていると強く実感しています。

いま英語の勉強に力を入れているのですが、スピーキングをしていて実感するのが、英語は頬の筋肉をつかいながら話すのに対して、日本語は口先だけでも話せる言語だということ。

＊1【本】
『美人に見られたければ顔の「下半分」を鍛えなさい！』
是枝伸子 著／講談社

意識的に顔も筋トレをしていかないと、筋肉は下がる一方かもしれません。老け見えさせず、いつまでも素敵でいるためには、いつからでも遅くないので、顔の下半身を鍛えるのはおすすめです。

012
「頭皮マッサージ」で顔を上げる!?

20代後半でほうれい線ができてから、顔の引き上げは私の中で大きなテーマになっていますが、自分でできることでもうひとつとても効果があったのは、ずばり**「頭皮マッサージ」**です。「頭皮と顔の引き上げなんて関係あるの?」と思われるかもしれませんが「大アリ」です。試しに右側だけマッサージすると、私の場合、顔の右半分だけ明らかに引き上がるのがわかります。

朝のスキンケアが終わってメイクをする前の30秒〜1分、私は**uka（ウカ）の「スカルプブラシ ケンザン」"ミディアム"**[*1]で頭頂部からこめかみ、後頭部をマッサージしています。ここでは頭皮を傷つけないよう、スカルプブラシで頭皮を押さえてから動かすのがポイント。ちなみにカイロプラクティックの先生によると、後頭部には胃腸のツボがあるので、意識的にほぐすのがいいそうです。

頭皮マッサージをすると、スーッと首・肩コリが取れ、頭もすっきり。心のもやもやがなくなってポジティブな変化が多いのもおすすめするポイントです。

*1【頭皮ブラシ】
uka scalp brush kenzan Medium／¥2,420

013
女優はだいたい「これ」を持ってる

「セルキュア4T PLUS」*1――女優の使用率ナンバーワンのこの「美顔器」をご存じでしょうか？　有名な美顔器は一通りつかってきた私ですが、中でも「これだ！」というのが「セルキュア」です。

とにかくつかい方が簡単なのが、せっかちで時間のない女優たちに愛される理由。操作が複雑な美顔器が多い中、セルキュアは操作ボタンが3つだけと心配になるくらいシンプルなのにものすごい効果があるのです！

引き上げ効果もさることながら、熱狂的な人気を誇るその理由は、微電流で汚れをごっそり落とすモードがあること。

ローションをしみ込ませたコットンをセットして電流をあてると、コットンが真っ黒になって肌がツルンツルンに！

私も初めて試したときは驚くほどコットンが真っ黒になり、「いままでどれだけ肌がザラついていたんだ！」と愕然としました。

黒いのは外気の汚れや、老廃物、古い角質、メイクの残りだそうですが、「肌の汚れってこんなにもあったのか！」と驚かされます。

*1【美顔器】
ベレガ セルキュア4T PLUS／¥180,400

朝起きただけなのにもう顔が茶色いときってありますよね（笑）。そんな肌もセルキュアは一発で救ってくれます。

化粧水や美容液を導入するモードもあって、これをつかうと肌の奥が冷えて「入った〜」という実感が！　その他、EMSで顔の筋トレをするモード、リフトアップするモードもつかえます。

短い時間で明らかに小顔になり、このままつかい続けたらいつか顔がなくなります（笑）。

撮影前には「セルキュア」の全モードを一通り行って、魅せる肌へとグッとレベルを引き上げます。

美顔器は本当に肌の底上げをしてくれるので、日常的につかえば5年後、10年後の肌が変わるものだと思っています。

かなりお値段も高いのですが、そのぶんの元は取れるかも⁉　レンタルサービスもあるので、どれくらい効果があるか一度試してみることを強くおすすめしておきます。

014

「首」と「デコルテ」は案外、人に見られてる

ここまでにご紹介してきたスキンケアは、顔だけでなく首やデコルテにも同じくらいの熱量でやるべきことです。「顔のついで」ではなくデコルテまでが顔だと思ってケアしてほしい！

というのは顔とのギャップは、あればあるほど老け見えする一方で、ケアすればおもしろいほど周りの反応が変わり、女の美人度を爆上げするのも「首」と「デコルテ」だからです。

首のシワは、できる前に予防するのがいちばん！　なぜなら首はいったん深いシワができると取るのに時間もお金もかかるからです。ただケアをすれば防げるので、予防するのが効率的。

首やデコルテのスキンケアは顔と同じで、古い角質を取ってたっぷり水分を入れるのが基本。私は顔同様、首にも週に一度のクレイパックと、3日に一度は**Aēsop®（イソップ）の「レデンプション ボディスクラブ」**[*1]をつかっています。古い角質を取り除くとスキンケア効果が上がり、うっとりするようなうつくしい首とデコルテが手に入ります。

＊1【ボディスクラブ】
Aēsop® レデンプション ボディスクラブ 180 ㎖／¥4,015

015

顔と首の「うぶ毛処理」は月に2回

完全にプロにお任せする、と決めているのが「**顔と首のうぶ毛処理**」。うぶ毛があると、そこにほこりや汚れが付いてしまって、肌をくすませる原因になってきます。

顔だけでなく首にもうぶ毛がないほうが絶対肌はキレイに見える。ただ自分で剃るとどうしても肌に負担がかかるし、剃ると毛の断面が太くなって、濃く見えてしまう危険もあります。

そこで私は行きつけのサロン、**BONITO**（ボニート）[*1]で、月に2回、うぶ毛・顔ダニ（！）・毛穴の汚れを一度に剝がしてくれる**ワックス**をしてもらっています。**これはもう9年間続けていること**。

サロンではワックス後にしっかりケアしてもらえるのも安心です。たまに1か月ほど期間があくと、汚れがものすごく落ちて驚きます。何度も言っていますが、顔にはいろいろなものが付着して本当に汚れているんですね。

自宅でうぶ毛を取る場合も、カミソリをあてるより、**家庭用の脱毛ワックス**や**ジェル**で剝がすほうがおすすめです。

＊1【美容サロン】
「BONITO渋谷本店」
〒150-0043 東京都渋谷区道玄坂1-19-12 並木ビル 4F
TEL 03-6416-5326

016
週1のケアで魅力的な「唇」を手に入れる

マスク時代が続いた影響で、口もとの筋肉がゆるみ放題、唇への緊張感も薄れがちなこの頃。

魅力的な唇をキープするために私がしているのは、週に1回の**スペシャル・リップケア**。これは1回でも「いつもと違う！」と実感できる、即効性がうれしいケアです。

週に一度、夜のスキンケアが終わったあと、**hanalei**（ハナレイ）**の「シュガーリップスクラブ」**[*1]でマッサージ。余分な角質が取れたところで、やさしくティッシュで拭き取ったら、**OSAJI**（オサジ）**の「リップゲル」**[*2]を美容液のように塗り込みます。これで明らかに唇が「ぷるっ」としますが、さらにうれしいのは翌朝。鏡を見るとぷるぷるのモチモチになった唇と出合えます。

ちなみに普段のケアには、**ビオデルマの「アトデルム リップスティック」**[*3]を愛用中。オイリーすぎずかたすぎず、自然なツヤが出るのがすごくいい。

潤った唇を持つ女性には「品」のある色気を感じます。

それには日々の唇ケアが絶対、欠かせないのです。

＊1【リップスクラブ】
hanalei シュガーリップスクラブ 22g／¥3,690

＊2【リップゲル】
OSAJI リップゲル 10g／¥990

＊3【リップクリーム】
ビオデルマ アトデルム リップスティック 4g／¥1,320

017

夜のケアには「オイル」を足して朝の肌をよみがえらせる

潤いといえば朝の1・5倍保湿を心がけたいのが夜のスキンケア。

寝ている間に肌はとても乾燥するので、ベタベタにするくらいでないと潤いが不足します。

基本の手順は朝と同じになりますが、アイテムを少し変えます。

シートマスクは、保湿性の高い「**ルルルンプレシャス RED**（モイスト）」。美容液も朝とは変えて**シミウスの「ビタミンC原液」**[*1]や、**プラセンタ**など、美肌効果が期待できる成分を選びます。

ひとつ朝と大きく違うのが美容液のあとに「**オイル**」を塗ること。私はとにかく乾燥肌なので、**Otonë**（オトネ）**の「リチュアル オイル セラム」**[*2]で肌をもっちりさせることで、夜の乾燥から守ります。

最後はクリームでフタをしますが、クリームは朝と同じ、あるいはよりこっくりとしたものを薄く塗るようにしています。

眠る間に肌のターンオーバーや再生が促されるので、部屋の加湿も十分に。こうして夜間の乾燥を防ぎ、ゆらぎのない肌をつくっています。

＊1【美容液】
シミウス ビタミンC原液 20mℓ／¥6,600

＊2【オイル】
Otonë リチュアル オイル セラム 45mℓ／¥6,600

018

レスキュー！
肌が荒れたときのマイルーティン

1～2年に一度、激務が続いて疲れがマックスになると、少しのきっかけでブワーっと肌が荒れることがあります。

普段ニキビはあまりできないほうですが、そのときばかりは吹き出物が噴出し、肌がただれたような状態に！

芸能界で仕事をしていると、いろいろ重なる時期がありますが、でもこういうことって誰でもありますよね？

大事なのはそうした時期をどうのりこなすか。

私の場合、こうなったらスキンケアと食生活をパキッと切り替え、普段のスキンケアは全部やめます。塗るのは子どもでもつかえるような肌にやさしい美容液1本だけ。ブツブツが出ているときは皮脂が多い証拠なので、油分の多いオイルやクリームを重ねるのはご法度です。

ケアとしては心もとないですが、グッとがまん。悪いものが出ているときは「引き算」が何よりの美容になります。

レスキュー美容液としてつかっているものの定番は、さきにご紹介した長年通っているサロンBONITO（ボニート）の「モイストルーツ」[*1]。

*1【レスキュー美容液】
BONITO モイストルーツ 150mℓ／¥16,500

やさしい成分で補水がしっかりできるので、荒れた肌にこれ1本がちょうどいい！

ちなみにいっさいスキンケアをしない**「肌断食」**も試したことがありますが、個人的には「最低限の補水は必要」というのが結論です。私の場合、乾燥肌ということもあって、水分を与えるのをやめるとデメリットのほうが大きいのです。

食生活もいつもと変えます。まず、揚げ物や炒め物はNG。デトックスをしたいので、味噌汁とごはんのような粗食に切り替え、悪いものを排出できるよう、なるべく水をたくさん飲みます。

もちろん皮膚科も受診しますが、生活を変えることも大事。肌が荒れるということは、体の中にもトラブルがある証拠なので、食生活やスキンケアをよりシンプルにしていきます。

自分の状態を観察し、体質、生活サイクル、体の周期、いろんなことを考えて「今日何をするのがベストか」をしっかり考えて行動する。肌にはそれが大切だと思っています。

019
私が365日「日焼け止め」を欠かさないわけ

紫外線はシミ、シワ、くすみなど、さまざまな肌トラブルを引き起こす肌の大敵。私には20代で受けた肌のダメージの強烈な体験があるので、365日、日焼け止めを欠かしません。

目に見える肌トラブル以外にも、角質層が厚くなって皮膚がかたくなったり、活性酸素が発生して老化の原因になったり、あの手この手で紫外線は私たちを襲ってきます。冬でも曇りでも室内でも、紫外線は降り注ぐので決して油断できません。

いまどきはコスメもSPF・PA入りのものが多いですが、やはり効果が高いのは専用の日焼け止めクリームやジェルを塗ること。

顔用の日焼け止めは、**アユーラの「ウォーターフィールUVジェルα」**[＊1]をずっと愛用しています。ハーブのいい香りで、みずみずしくて伸びがよく、日焼け止め特有の乾燥や、つっぱり感がないのが最高です。毎日つかっても飽きず、気づけばもう8本目！

日焼け止めをケチらずたっぷり塗ることは、確実にきれいを育てます。美肌を保ち続ける人は紫外線に打ち勝った人なのです。

＊1【日焼け止め】
アユーラ ウォーターフィールUVジェルα SPF50+・PA++++
75g／¥3,080

020

「日焼け」をなかったことにする
スペシャルケア

気をつけていても「うっかり日焼けしてしまった……」なんて日もありますよね。

そんなときも「その日中」にケアすれば、意外と大丈夫。丁寧にケアすれば、よほどの日焼けでない限りケアが勝つというのが私の長年の実感です。

まず、日焼けした日はメイクを落とす前に**「水洗顔」**をします。

これはOSAJI（オサジ）のディレクター茂田正和さんの書籍『42歳になったらやめる美容、はじめる美容』に影響されてはじめたこと。本には日焼けに関係なく、外気や汗、花粉などが肌に付着したままクレンジングをすると、肌を刺激する物質を侵入させてしまうため、まずはメイクの上から（！）水で汚れをすすぎ、やさしくタオルでおさえたあとクレンジングするのがいいとありました。

日焼けした日は普段より外気に長くあたっているので、付着物も多いはず。そこで私は日焼けをした日こそ「水洗顔」の必要があると考えています。

日焼けで乾燥した肌にバームは強いので、必ず「クレンジングウォーター」を使用。洗顔もこすらずに保湿しながら汚れが落とせる泡の洗顔料をつかいます。

そしていつものスキンケアの前に必ず追加したいのが**「クレイパック」**。泥が肌を鎮静させ、ガツンとミネラルを入れてくれます。

日焼けした日のシートマスクはスペシャルアイテムの出番です。

こういう日はここぞとばかりに、美容成分をたっぷり含む高級マスクを惜しみなくつかいます。たとえばヴィーガンコスメブランド **mirari（ミラリ）**[*1]や**クレ・ド・ポーのシートマスク**[*2]もおすすめです。

あとはゲルやクリームでフタをしてスキンケアは完了。日焼けのあとは水分補給をメインにするため、オイルは一時ストップです。

こんなふうにできるだけ肌をやさしく扱い、水分補給と鎮静を心がけると、翌朝には肌の調子がむしろよくなっています。

自分の肌を知り抜き、リカバリーする手順を持っているのが大人の女。レスキューケア、困ったらぜひやってみてください。

＊1【シートマスク】
mirari 6 types mirari set Facial Treatment Mask／¥3,740

＊2【シートマスク】
クレ・ド・ポー ボーテ ソワンマスクエクラS／¥33,000

021
私のベスト「美容医療」

鬼のようにセルフケアをしている私ですが（笑）、「とんでもない美肌」に自分を育てるには、**「美容医療」**も欠かせません。

あくまでナチュラルな美肌になりたいので、糸を入れたりメスを入れることはせず、選ぶのは自然にうつくしく仕上がる施術だけ。

ここでは、個人的に試してよかったものを大公開します。

◆そもそも「美容医療」とは？

医師免許をもったドクターが、美容を目的として行う治療が「美容医療」。美容クリニックには、おもに**「美容皮膚科」**と**「美容形成外科」**があり、メスをつかうのが「美容形成外科」。どちらも一般の「皮膚科」「形成外科」とは違って、基本的には自由診療（保険診療にはならない）になります。

◆**「ハイフ」**（1回20万円前後〜）

いちばん長く続けている美容医療は**「ハイフ」**です。「切らないリフトアップ」とも呼ばれる「ハイフ」は、超音波によって肌の深部を収縮させて、たるみを改善するもの。個人的には顔が2まわりほど小さくなって、ほうれい線が浅くなり、口角が上がるのを実感します。「ハイフ」にはさまざまな種類がありますが、私が通っている**「THE ROPPONGI CLINIC**（ザ ロッポンギクリニック）**」**[*1]の医療ハイフは**「ダブロ ゴールド」**。ダウンタイムはありませんが、個人的にはかなり痛い！（笑）でも肌の内側が「ピキッ」と張りつくようで効果は抜群。通うのは4か月に1回くらいです。

◆**「ソニックフィット」**（1回3万円程度）

こちらは厳密には「美容医療」ではありませんが、**エステで受けられる**[*2]**「ソニックフィット」**も激おすすめなので紹介します。まだ知る人ぞ知るリフトアップマシンですが、スターどころで受けていない人はいないというくらい人気のメニュー。痛みが

＊1【美容クリニック】
「THE ROPPONGI CLINIC」
〒150-0022 東京都渋谷区恵比寿南3-11-14
TEL 03-5708-5413

＊2【エステサロン】
「RILLEE-ON（リリーオン）」銀座本店
〒104-0061 東京都中央区銀座2-4-8 GINZA YUKI BLDG 2F　TEL 03-6271-0308

かなり少なく、1回3万円弱とリーズナブルで通いやすいのに、効果はばっちり。これまでハイフの最高峰といわれる**「ウルセラ」**も、超高額な**「サーマクール」**も試しましたが、個人的には引き上げ具合や肌の内側がふっくらする点でいちばんだったのが「ソニックフィット」。月1回受けると、めちゃくちゃ変わると思います。

◆「NMN点滴」（100mg 55000円程度）

いま頼りにしているのが**「NMN点滴」**[*3]。エイジングケアへの期待から世界的に注目される「NMN」を効率よく補えます。この点滴は私の場合、1回で顔のみならず全身の肌がしっとりやわらかくなり、だるさが取れて頭もスッキリ、毎回とんでもない効果を感じます。効き目が強いので、通うのは月に1回。ときには美容仲間と並んで情報交換しながら点滴を受けるのも楽しい時間です。

◆「美容皮膚科」で定期的にメンテナンス

定期的に**「美容皮膚科」**を訪れて、メンテナンスもしています。ピンポイントで何かすることもあれば、「とにかく美肌になりたい」と相談してドクターに必要な治療

*3【NMN点滴】
「REVI CLINIC 銀座院」
〒104-0061 東京都中央区銀座1-8-14銀座大新ビル7F
TEL 03-5579-5703

をしてもらうことも。これまでにやってよかった施術はこちら。*4

・肌質改善：**ピコレーザー**（痛み「弱」）
・気になるシミ：**レーザー**（痛み「弱から中」）
・毛穴の改善：**ダーマペン**（痛み「中」）
・睡眠時の食いしばり解消：**ボトックス注射**（痛み「中から強」）

シワに関しては、気にするのは本当に目立つ縦ジワだけ。全部をツルンツルンにしてしまうと表情がのっぺりしてしまうので、笑いジワなどはあったほうが愛されると思っています。

*4
適応はドクターの診察を

022
「サウナ」で毛穴レスな肌を手に入れる

急激に肌を褒めていただくようになったこの頃。「2年前と比べて毛穴がない」「最近肌に輝きがある」など「いったい何をしたの？」と聞かれますが、ここ2年の間に何を強化したかといえば**「サウナ」**です。

ここ2年はどんなに忙しくても週1回のサウナは死守しています。

曜日は決めず、朝いちばんに行ったり、子どもが寝たあと夜中に行ったり。生活の隙間をぬって通っています。

なぜそこまでして行くのかといえば、やっぱり手間よりメリットが上回るから。肌がすごくきれいになるし、なにより疲れがめちゃくちゃ取れる！

サウナの入り方は、いまや一般的になった「サウナ室→水風呂→外気浴（休憩）」の王道ルート。サウナにハマってから、サウナブームの火付け役と言われる

「ととのえ親方」や、サウナ効果を研究する大学教授に話を聞きに行ったのですが、サウナは体を振り幅のある状態に持っていくことで細胞を活性化させるのだとか。

その他、外気浴でノンストレス状態になることで若返りホルモンやオキシトシン（幸せホルモン）も出るのだそう！

外気浴で3分以上、ぼーっとする時間が極上なので、乾いたタオルで汗を拭き、体が冷えないようにしてから休憩します。

サウナが肌にいいのは、蒸気で毛穴が開いてきれいになるということと、汗は出ていくばかりでなく、一部は肌の内側にもどって潤わせる効果があること。新陳代謝も上がるので、女性だけでなくサウナ男子も肌がきれいな人が多いですよね。

毛穴の詰まりが気になるときもサウナはよくて、いちご鼻が気になったら、いろいろ塗るより週に2回くらいがんばってサウナに通うときれいになります。

サウナブームでお店はいろいろありますが、近くて通いやすいのがやっぱりいちばん。垢すりやマッサージもできるスパ施設や韓国サウナが近くにあれば最高です。

023

「酵素浴」をすると肌のみずみずしさが違う

「酵素浴」って知っていますか？　これは木のおがくずや米ぬかなどがパウダー状になったお風呂に入る温浴で、5分入れば1時間半、汗が止まらないほどポカポカになります。体温が上がれば代謝が上がるし、体を温めるのは健康にいいとも思っています。

スキンケアや美容医療など、外からアプローチする美容も大好きですが、やっぱり表面だけだと「みずみずしさ」も半分しか出ない。人間の体内は6割が水分だと言われているので、水をよどませないようたくさん汗をかいてたくさん水を飲む。そして運動して筋肉を動かし、血行をよくする。そうやって体の内側を「めぐらせる」と、肌に本物の透明感が出るような気がします。

体内のケアと、表面のケア。このふたつがきちんとできたら絶対誰でも変われるし、それがいちばん「結果」が出ます。「サウナ」と「酵素浴」はその意味で効果絶大！　一生続けたいと思っています。

024
女はやっぱり「歯」が命

「歯がきれいかどうか」はすごく人生を左右します。清潔感のある口元は万人に好印象を与えます。とくに芸能界ではそれはもう常識で、私も**歯列矯正**をして、歯並びの悪いところは一部**インプラント**にしています。

ところでみなさん、デヴィ夫人って歯がきれいだと思いませんか？　お孫さんがいる年齢なのに、驚くほどに健康的です。

あるとき番組でご一緒してその理由がわかりました。なんと夫人は「1日5回」歯を磨くそうです。朝起きて1回、3食のあとに各1回、夜寝る前に1回、の計5回です。

審美の面だけでなく、何歳になっても歯と歯茎が健全で、自分の歯をつかえることがここまで人を健康に見せるのかと実感しました。

日本人は歯がきれいな割に歯周病が多いのは、きちんと歯磨きができていないからなのだそう。そこでここでは、昨年ドラマの撮影でお会いした、歯を語らせたら日本一の**歯学博士、村津大地先生**から教わった、口元を美しくみせる正しい歯の磨き方を紹介します。

先生によると、磨くときは歯磨き粉をつけないとのこと。これは泡が立つと長く磨けなかったり、汚れが残っていても爽快感から満足してしまうからなのだとか。

歯磨きはまずフロスや歯間ブラシで、できれば10分、最低5分、空《から》磨きでしっかり磨く。このときヘッドが1列の歯ブラシ[*1]をつかうと、歯の溝や歯と歯肉の間の細かいところが磨きやすい。その後、仕上げに歯磨き粉をつけて磨き上げると、残った汚れもすっきり落ちて、口の中がかつてないほど爽快に！

私の場合、歯磨き粉は**スモカ**[*2]など、デザインがかわいいものを揃えることで、歯磨きのテンションを上げています。

このほか、スペシャルなマウスケアとして、水圧で歯の汚れを落とす**口腔洗浄器**[*3]をつかったり、舌も専用のブラシで磨いています。

マウスケアは自分の将来を守るもの。歯を大切にする人は、自分を大事にできる人です。

＊1【1列歯ブラシ】
ドクターむらつのワンライン歯臓ブラシ／¥385

＊2【歯磨き粉】
スモカ 薬用ホワイトニングパウダー MASHIRO ハーブミント 30g／¥1,800

＊3【口腔洗浄器】
Panasonic ジェットウォッシャードルツ（白）EW-DJ42-W／¥14,850

025

口角が1.5センチ引き上がる幸運を呼び込む「マウスケア」

話しかけやすい表情でいることは、何より幸運を呼び込むと思っています。

人は怖いと思われた瞬間、話しかけられなくなりますし、素敵なご縁も仕事もこなくなる（！）。

ただでさえ貫禄が出る大人はとくに、真顔でいるだけで怖いので、口角がふんわり上がった表情をベースにするくらいがちょうどいい。

口角は「表情筋」と「舌の位置」で上がります。

私が毎日やっているふたつのことをここではご紹介してみます。

ひとつめは秘密兵器をつかった「表情筋のマッサージ」。

歯磨きのあと、スプーンのような形状の**「ストレッチオーラル®」**[*1]を口の中、頬骨の内側にあて、反対の手

*1【表情筋マッサージツール】
ストレッチオーラル®／¥3,278

で筋肉が逃げないよう頬を押さえながら、左右10回ほど円を描くように口の中から表情筋をほぐします。すると口角がすっと上げやすくなって表情も若返るから驚きです。

最初は痛いのですが、徐々に口内に隙間ができて、口の中に風を感じることができてきます。

もうひとつ意識すべきは「舌の位置」。舌は上顎につけるのが正常ですが、筋力が低下すると舌の位置が下がってきたり、前に出てきたりします。私もそうなのですが、舌が下がると口角も一緒に下がって、意図せず疲れ顔の女になります。

だからだまっているときは舌を上顎の真ん中につけること！　これを習慣にすると、やわらかな表情に変わっていきます。

口角が上がると、〝かわいい〟や〝うつくしい〟を超えて、人としての印象が圧倒的に上がります。品がよく見えるし、やさしそうに見える。

口を閉じてキュッと口角が上がっている人は、どんな場面でも印象がよく愛されます。笑顔のない「への字」口で話を聞く人と、きゅるんと口角を上げて話を聞く人とでは、人はきゅるんに恋するはずです。

026

美容好きは一度は行くべし！「韓国プサン」の美容旅行

美容大国・韓国は美容マニアにとってのワンダーランド！

仕事で韓国に行くときは「美容スポット」を巡って新しい情報を仕入れることをいつも楽しみにしています。

釜山国際映画祭に参加したときは、**美容医療専門のコンシェルジュ「プサンＪＭＪ」**＊1のミジョンさんに案内してもらいました。

韓国は国を挙げて美容に力を入れており、観光客向けの美容専門アテンダーがいるんです（進んでいます！）。

ミジョンさんは大変な美容通で、日本語も堪能。韓国で一番のクリニックと言われる**「キムヤンジェ・ジャンボンソク皮膚科」**に案内してくれました。

選んだのはダウンタイムのないゆるめのシミ取りと

＊1【韓国美容医療コンシェルジュ】
「プサンJMJ」http://busanjmj.com
〒46726 釜山広域市江西区鳴旨国際6-99
Daebang The M City A-2048
LINE／@busan-jmj　Mail／busanjmj32@gmail.com
会社代表インスタ @busanjmj_m
会社公式インスタ @busanjmj_official

肌をふっくらさせるメニューでしたが、いままで経験したことがないほどの変化を実感！　顔が「てかっている」のではなく「発光している」！

このとき驚いたのが客層の幅広さ。ごく普通のおじいちゃんがシミ取りレーザーを受けるために来院したりと、韓国では美容医療が若い女性だけのものではなく、老若男女に開かれています。

だからこそドクターの経験値も上がり、需要の高さが美容医療をどんどん進化させるのかもしれません。

韓国人の年齢を問わない美意識の高さはサウナでも感じます。

サウナに行くと年配の方もみんなシートマスクをしていますし、サウナに置いてある化粧品をつかう人なんて誰もいません。みんな最新のマイシャンプー・マイ化粧品を持参します。

日本女性はあまりサウナに行きませんが、韓国の女優さんは美肌を求めてクリニックはもとよりサウナにめちゃめちゃ行くそうです。

韓国は食べ物も発酵食やカプサイシンを含む辛い料理が多く、食文化も美容にいいものであふれています。

前回韓国に行ったときはトレーニングジムで**「ピラティス」**を受けたのですが、そこで聞いたのは「韓国の女優は98％の人が週6回ピラティスに通っている」ということ。「週6！」。あの美はやっぱり努力の産物なんですね。韓国で美容へのポジティブな空気感に触れると、みるみるエネルギーがチャージされます。

CHAPTER 2

自分史上最高メイク

make up

001

ドラマや映画は「セルフメイク」で出ています

よく驚かれることですが、私は俳優の仕事をするとき、基本的にはセルフメイクで出ています。

デビュー当時、事務所が「グラビア以外、すべての仕事のメイクは自分で」という方針だったからなのですが、でもこれが功を奏して、プロのメイクさんに教わったり、自分であれこれ試すうちに、いつしかセルフメイクはプロ級（！）の腕になっていました。

最近はプロにお願いすることも増えましたが、自分でメイクをすることは、いまも私の人生にかかせないもの。自分をセルフプロデュースするのに、メイクほど魅力的なものはないと思っています。

俳優のお仕事をいただくと、役に合わせたアイシャドウやチークの色をセレクトし、**ADDICTION**（アディクション）**の「ザ コンパクト ケース II」**[*1]にセットするところから、私の役づくりははじまります。

＊1【コンパクトケース】
ADDICTION　ザ コンパクト ケース II／¥1,650

台本を開いて「この人のメイクはこんな感じかな」とイメージする、そんな作業はものすごく楽しいもので、みなさんも「自分を変えたい」「違う自分になってみたい」と思ったときはトライしてはいかがでしょうか。メイクは自分を変える最強の武器。新しい自分に出会うって、とってもワクワクするものです。

一方で、私のプライベートのメイクはとてもミニマム。カジュアルな服装に合わせた抜け感のあるメイクが基本です。

若い頃は「メイクなんてめんどくさい！」と仕事以外はすっぴんでしたが、メイクの経験値が上がってからは、状況に合わせてメイクするのが楽しくなってきています。

メイクとスキンケアは連動していて、素肌がクリーンでないといくらその上にメイクをしても「内側のよどみ」が透けて見えます。だからメイクできれいになりたいなら、まずは生活で肌の透明感をつくり出す。そしてメイクは必ず更新すること！

こうやって肌とメイク、どちらも「めぐらせる」ことが、女性として「みずみずしくあかぬけた顔」をつくるというのが、長年セルフメイクをしてきた私が出した「結論」です。

002

コツをつかめば
「コスメカウンター」は怖くない

専属のヘアメイクさんがいない私が、どこでコスメの最新情報を仕入れるかといえば、それはもっぱら**「コスメカウンター」**。

コスメ売り場に通う効果はめちゃくちゃあって、たとえば「いまはツヤ肌かマット肌か」など歩くだけでトレンドがわかったり、アイシャドウやチーク、リップなどは、見るだけで楽しくなります。

基礎化粧品と違ってメイクアップアイテムは、2000~3000円で買えるものも多く、難しいテクニックをつかわなくても自然と「今年の顔」が手に入るので、シーズンごと新作に投資するのは決して「ムダ」ではありません。

いまはオンラインにも情報があふれていますが、シーズンごとに絶妙にチェンジされるコスメの色や質感は、やっぱり生で見てこそ！

同じベージュでもスモーキーになっていたりマットになっていたり、新作は乙女心に「火」をつけます。

「デパートのコスメカウンターはハードルが高い」という声も聞きますが、コスメカウンターは旬の顔を手に入れる情報が詰まった女子の楽園！　ぜひ怖がらずに行ってほしいと思います。

個人的に色がかわいいと思っていて、よくチェックするのはシャネルやディオール、THREE、NARS、ADDICTIONなど。見ているとたちまち女心が満たされます。かわいいコスメって見るのも買うのも、自分の「女子の部分」を満たしますよね。

大人になると、女子的な心の潤いやときめきって、自分で取りに行かないと誰も与えてくれません。

コスメ売り場をパトロールするのは、「かわいい！」「塗ってみたい！」とわくわくして、自分で自分のテンションを上げることに直結している。

タッチアップしてピンとこなければ、買わないのも当然アリ！

メイクのトレンド情報をアップデートできて、ドラスティックに美容スイッチを入れることができるコスメカウンター。まずは「ドラッグストア」でも「100均」でも、とにかく足を運んでみるのが「旬の顔」への近道です。

003
ファンデで「主役級」の自分になる

私はメイクが早くて、プライベートのメイクは5分、撮影前のメイクも15分くらいで完成します。とはいえ仕事メイクは通常の3倍時間をかけるわけですが、あかぬけて見せる最大のポイントは「肌づくり」にあります。

ここでは「潤い」「カバー力」「ツヤ」「なめらかさ」のすべてを重視した「MEGUMI流、表に出るための本気モードの肌メイク」をご紹介します。

◆メイク前のケア

撮影前は、肌のコンディションを上げるところからスタート。まずは、メイク室に置いてあるスチームを浴びながら、入念に美顔器をあてていきます。ここではさきにご紹介した「セルキュア4T PLUS」[*1]の全モードを行うのが私の撮影前のルーティン。

こうしたメイク前のケアは、肌のポテンシャルを最大限引き出すために欠かせないもの。プロのヘアメイクさんもメイク前のマッサージにはかなり時間を割きますが、むくみを取って血のめぐりをよくし、ベースを最高の状態にすることが最高の肌をつくります。

美顔器はセルキュアのほか、ARTISTIC&CO.[*2]（アーティスティック&シーオー）の「ミスア

*1【美顔器】
ベレガ セルキュア4T PLUS／¥180,400

*2【美顔器】
ARTISTIC&CO. ミスアリーヴォ ザ レイス／¥154,000

リーヴォザ レイス」をつかうことも。

◆下地

普段のメイクで下地はマストではありませんが、塗るとやっぱり肌のうつくしさが違います。つかうのは以前コスメマニアのメイクさんに教わった**ERBORIAN（エルボリアン）の「CC レッド コレクト」**[*3]。カバー力のあるグリーン下地で、感動級に肌をきれいに見せてくれます。指で肌に置き、スポンジで全顔に均等に伸ばしたら、同じ手でまぶたも触ります。あとでアイシャドウやアイラインがきれいに引けるよう、下地でしっかりベースをつくります。

◆ファンデーション

肌のみずみずしさを感じさせるのは完全に「ツヤ」なので、私のメイクはマットよりツヤ重視。たとえマットなメイクが流行っていても、肌はツヤツヤさせたほうがうつくしく見えると思っています。

NARSの「ライトリフレクティング ファンデーション」[*4]はカバー力があり、きれ

*3【下地】
ERBORIAN CC レッド コレクト 15mℓ／¥4,888

*4【ファンデーション】
NARS ライトリフレクティング ファンデーション
02180、02174 各30mℓ／各¥6,930

いなツヤが出る名品。韓国ドラマの女優さんが信じられないような美肌をしていることがありますが、まさにあんな感じの「発光する肌」に仕上がります。

大人気ドラマを担当するメイクさんに教えてもらったのが、このファンデを2色混ぜるテクニック。〝02180〟（ピーチベースのやや暗めの色）と〝02174〟（ニュートラルな明るめの色）を混ぜるのですが、どちらも日本人の肌になじむ無敵カラー。配合次第で誰にでもぴったりな色をつくれます。

塗り方は、立体感を出すためにファーストタッチは顔の中央に置き、顔の外側は薄づきになるように。

デイリーメイクにはややトゥーマッチかもしれませんが、華やかな場所にはおすすめのファンデーションです。

004
MEGUMI流「5分メイク」

プライベートで人に会ったり、食事に行ったりするときも、撮影前ほどではないですが、メイク前のケアはしっかり行います。

プライベートのメイクは、パーツをはっきり見せる大人のメイク。

これはポイントを押さえれば全然時間はかかりません。

まずは洗顔してシートパック。美容液を塗り、クリームでフタをします。オイルはメイクをよれさせるので塗りません。

そのあと必ずするのがさきにもご紹介した頭皮マッサージ。

uka（ウカ）の「スカルプブラシ ケンザン」*1で頭皮と顔に血がめぐると、目がシャキンと開き、顔も引き上がってスッキリします。

頭皮マッサージならものの30秒でできますし、頭が冴えて自分を〝オン〟に切り替えられて、「行くぞ」の気合いも入ります。

*1【頭皮ブラシ】
uka scalp brush kenzan Medium／¥2,420

MEGUMI流「5分メイク」

各アイテムは「ポーチの中身」(→P.98)で紹介!

これが私のプライベートの「5分メイク」。短時間で十分魅力的な女性に変われます。

step 1 クッションファンデ

きれいなツヤの出るクッションファンデを、顔の中心部から外側に薄く手早く塗る。

step 2 コンシーラー

コンシーラーで気になるところをちょこっと隠す。

step 3 チーク&アイシャドウ

マルチにつかえるカラーバームでチークとアイシャドウを同色に。クリームチークはファンデの前に仕込むのもおすすめ。

step 4 アイライン

目の中心部から目尻をややはみ出すくらいまで。目頭から目尻までではなく半分なら失敗知らずで30秒ほどで完了。

step 5 マスカラ

時間がないときはまつ毛美容液だけでもＯＫ。

step 6 下まつ毛にホットビューラー

余裕があるときはホットビューラーで下まつ毛を下に向けると、品よく目がパッチリ開く。上はまつ毛パーマをしているので下まつ毛のみ。

step 7 リップ

大人メイクに欠かせないのが存在感のあるリップ。普段は筆はつかいません。

step 8 眉

眉は眉尻からさきに描くのがポイント。眉頭から描くより全体的に自然なトーンに仕上がる。スクリューブラシで毛流れをととのえ、透明の眉マスカラで毛束感を出す。

step 9 フェイスパウダー

最後にお粉で全体をなじませる。眉にもささっと粉をのせてまとめる。

さらにミニマム!
手抜きに見えない「1分メイク」

「今日はもう時間がない!」というときは、「1分メイク」で仕事場へと急行します。
塗るのはクッションファンデとアイライン、眉、リップのみ。
目尻のアイラインで目のキワを強調し「目はここ」と主張させて、発色のいいリップで血色を出せば、
ほかが手抜きでもあえて抜けをつくったかのようなおしゃれな顔が完成します。

005

私のベスコス「クッションファンデ」

私のキーワードは常に「みずみずしさ」なので、プライベートのファンデは肌に潤いを与えながら、きれいなツヤを出してくれるクッションファンデ一択。下地や美容液の役割を兼ね備え、UV効果もあって、ひとつで肌を成り立たせる優秀さに惚れ込んでいます。

クッションファンデマニアと言えるほど、いろいろ試した中での私のベストは**BIOR**（ビオール）の**「リキッドパウダー エアレスクッション オーガニック アクア美容液ファンデーションSL」**[*1]。

なんと100％植物由来なのに、ちゃんとカバー力があり、肌のケアをしながらびっくりするほど上品なツヤを出してくれます。伸びがいいので軽やかな肌にできるのも好きなところ。

クッションファンデもリキッド同様、最初は顔の中心から塗りはじめ、顔の外側は薄く塗ると自然な立体感が演出できます。

肌の調子が悪いとファンデを重ねたくなるものですが、重ねるほど厚く古めかしい顔になっていくので、「グッ」とがまん。これで透明感を失いません。

＊1【クッションファンデーション】
BIOR リキッドパウダー エアレスクッション オーガニック アクア美容液ファンデーションSL SPF50+ PA++++／¥5,940

006

チークはファンデの「下」に忍ばせ「ジュワ」っとさせる

乙女のような薔薇色のうぶ肌を演出できるチークの塗り方があります。クリームチークを、ファンデーションの「前」に塗ってしまう（！）というテクニックです。

「ファンデーションの前にチークって塗っていいの⁉」と驚かれるかもしれませんが、クリームタイプなら大丈夫。やや濃いめの**クリームチーク**[*1]をさきに塗り、その上からクッションファンデを重ねると、頬全部がグラデーションして自然な血色が手に入ります。

あまり神経質にならずとも、少々雑に塗ってもうまく見えるのがこの塗り方。簡単なわりにプロのようなメイクになります。

クリームチークは濡れたようなツヤを出し、笑ったときに頬のトップに幸福感あふれる「艶玉」を出してくれます。だからチークは最後にささっとすませるなんてもったいない！

早い段階で丁寧に仕込み、にじみ出る「ジュワ」っとした血色感をつくれば、誰もが思わず振り返る「幸せ顔」が完成します。

＊1【クリームチーク】
product ナチュラルグロウカラー 133／¥2,310
RMK カラースティック 03 ベリーシック 6.7g／¥ 3,300

007

アイシャドウで「時代遅れ」の顔にならない

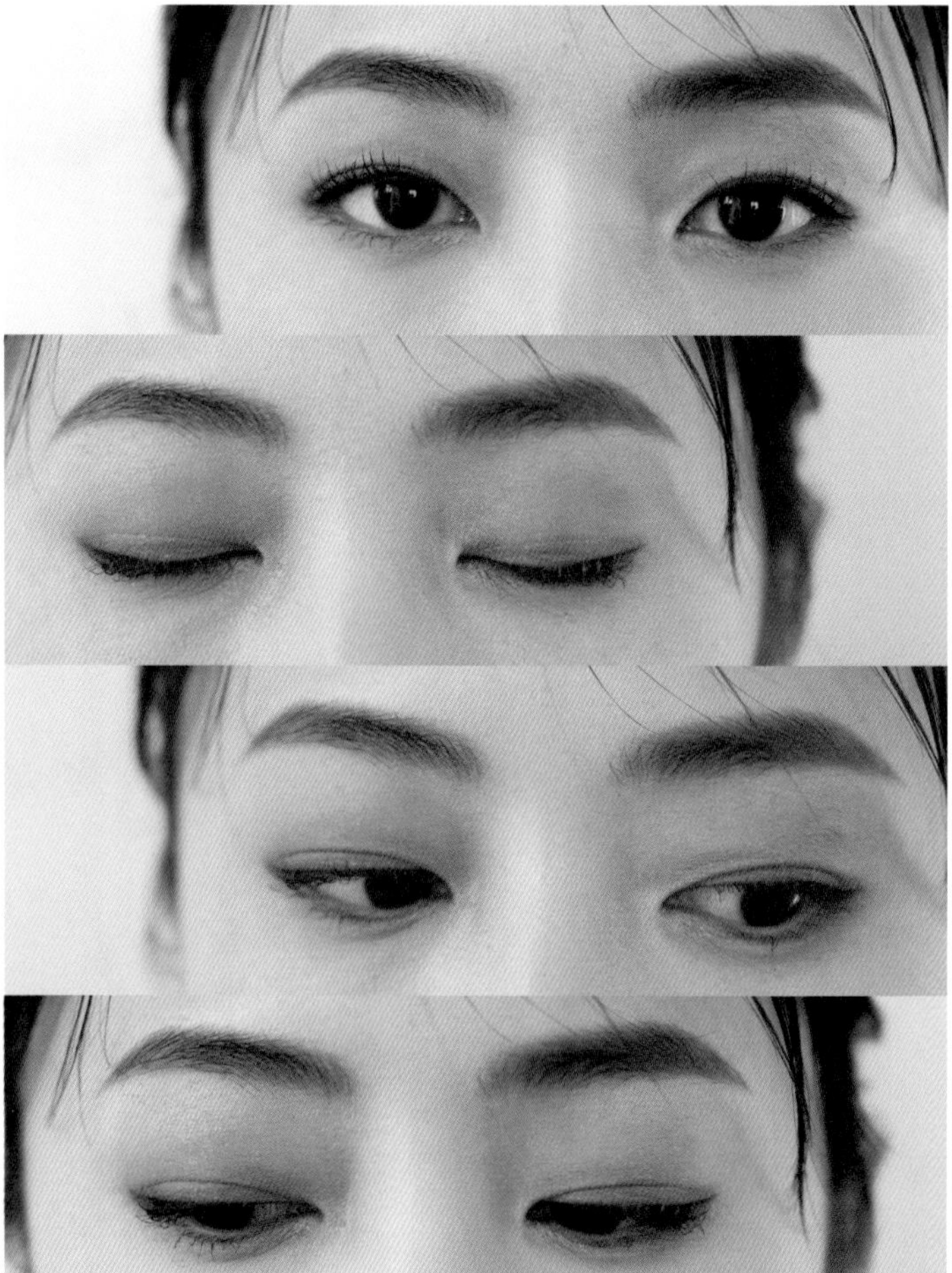

アイシャドウだけは、シーズンごとに買うのがマイルール。技術がなくても、今シーズンのものを塗るだけで「あっ」という間にトレンドの顔になれるので、これがもっとも効率よくコスパよく「時代の顔」を手に入れる方法だと思っています。アイシャドウさえ更新すれば、メイクが古びる心配もありません。

買うのは最低でも年に4回。

季節ごとに各メーカーの新作が出揃うので、コスメ売り場をパトロールします。夏と冬はとくに限定品が多いので趣向が凝らされたコフレを選ぶのは至福のとき！

個人的にアイシャドウは「日本発のブランド」をよくつかいます。

海外のブランドももちろんかわいいですが、大人に似合う絶妙な「くすみカラー」が見つかりやすいのはやっぱり日本のブランド。SUQQUやCelvoke、SNIDEL BEAUTY、ADDICTIONなどは、粒子が細かく上質で、毎回、日本人の顔に合うおしゃれな色が発表されます。

アイシャドウを塗るときは、まず指でアイホール全体にうすいパールベージュなどベースカラーを塗ってトーンアップ。

その上にパープルやピンクのアイシャドウを、筆で「目尻側」から一方向に塗っていきます。目尻から外へ少しはみ出すくらいの位置から塗ると、目の幅が出て、目全体を大きく印象的に見せてくれます。こうするとアイメイク自体は薄いのに、目の輪郭がしっかりしますし、目を伏せても意外なほど色が見えて、伏し目のときに見た人を「ドキッ」とさせます。

ときには下まぶたの粘膜部分に軽くアイシャドウを塗ることも。これは当時Celvokeのディレクションをしていた方に習ったワザですが、急にあかぬけて、超ファッションモードの顔になる驚きのテクニック。たまには気分転換でこんなメイクも楽しみます。

008

結論！「マツエク」はやめたほうが若見えする

20代からずっと続けていた「まつ毛エクステ」をやめたのは、39歳になったとき。

顔も体も変化する中で、要素を少しずつ削ぎ落とし、等身大に近づけたほうが若見えすると、私の中で結論がついたからです。

その代わりにはじめたのが**「まつ毛パーマ」**。

これがすごくよくて、ノーメイクでも目もとにアクセントがあってすっぴん感が薄まります。ドラマでほとんどメイクをしない役のときでもナチュラルに目力が出せるのがちょうどいい！

月2回、サロン（さきにご紹介したBONITO）[*1]に通うのですが、同時に眉・顔・首のお手入れもしてもらうので苦になりません。

そんなわけでいまは自まつ毛を長く育てるターンに入り、寝る前に**まつ毛美容液**[*2]を塗ってコツコツ伸ばすことに注力中。

まつ毛は色気担当のパーツ。伏し目になったときにまつ毛が長いと、色っぽいし本能的に追いかけたくなるもの。大人の色気を手に入れたい私としては、伸ばさない手はありません。

＊1【美容サロン】
「BONITO渋谷本店」
〒150-0043 東京都渋谷区道玄坂1-19-12
並木ビル4F TEL 03-6416-5326

＊2【まつ毛美容液】
まつ毛デラックス WMOA／¥5,500

009
「眉」だけは
プロの指南をあおぐべし

眉メイクの難しさは格別です。

自分でベストな眉にできている人って、本当に限られているのではと思うほど！

眉の手入れをするには客観的なアドバイスが必要で、プロに頼る効果が絶大なパーツだと思っています。

なので私はBONITOで、10年以上、眉もととのえてもらっています。


はじめてサロンで眉を形づくってもらったときは、「こんなに眉と眉の間を空けていいの？」「こんなにまっすぐでいいの？」と違和感だらけだったのですが、まわりからは「顔がやわらかくなった」「なんかきれいになった！」とかなりいい反応がありました。

自分ではたどりつけない、魅力を引き出すデザインができるプロはやっぱりすごい！　たくさんの人を見るからこそ、似合う形がわかるのでしょうね。

基本の形をつくってもらえば、あとは自分でなぞるだけ。

プロにベストな眉を施されていると思うと、「変じゃないかな？」という不安が消えて、自信がオーラにつながります。

010

眉尻が長いと「気が強い」女に見える!?

大人の透明肌を引き立てる軽やかな眉をつくるには、「眉尻から」描きはじめるのがコツです。

メイクは最初にブラシをあてたところがもっとも濃く色がつくのに、毛量の多い「眉頭から」描くと、濃くなりすぎて抜け感が出ません。

眉尻から描きはじめると、眉頭を描く頃にはブラシに残った粉が薄くなって、全体的に自然なトーンに。

眉は長すぎると気が強く見え、短すぎると目が小さく見えるので、「小鼻と目尻をつないだ延長線上」に眉尻がくるのがベスト。

スクリューブラシで毛流れをととのえたら、最後に**透明の眉マスカラ**[*1]を塗るのもおすすめ。透明の眉マスカラは毛束感を出して、ツヤと立体感を足し、目の力をよりしっかり出してくれます。

眉を明るい茶色に染めると目が小さく見えてしまうので、眉マスカラは透明か濃い茶色にして、ある程度毛の色の濃さをキープするのが大人の顔にはフィットします。

***1【眉マスカラ(透明)】**
Aimmx アイブロウジェル&眉毛美容液 00 CLEAR GEL(クリアジェル)/¥2,580

011 「筆」への投資はコスパ最強！

メイクは「筆」が命です。

筆をつかうと色ののり方が別次元にきれいで、テクニックいらずで「プロ級」のメイクに近づけます。メイクが上手でない人ほど、ツールに頼る価値は大！

コスメに付属するチップは、実はつかいこなすのが難しく、普通につかえばどうしても「ベタッ」とした印象になりがちです。

とはいえいきなりすべての筆をそろえるのは大変なので、まずは眉用のブラシが1本、アイシャドウ用のブラシが1本あればOK。

私の最愛の1本はADDICTIONの眉ブラシ[*1]。先端が斜めにカットされていて、感動するほど眉が描きやすい！　眉のメイクが苦手な人でも、これならうまくぼかしながら、素敵な眉が描けるはずです。

＊1【眉ブラシ】
アディクション アイブロウ ブラシ 01／¥3,850

また、筆とは別に、明らかにメイクをプロ級に見せるのが「手の甲」をつかうこと。プロのメイクさんを見ていると、ブラシやスポンジをいきなり肌にのせる人はいません。まずはブラシに付いた粉や、スポンジで取った液を「手の甲」の上でトントン叩く。これは余分な粉や液を落とし、色の付きすぎを防ぐためです。

私も必ず手の甲をパレット代わりにしながらメイクします。

筆もスポンジも、最初に着地したところにもっとも濃く色がつくので、そこにべったり付いてしまうと、がんばってぼかしても濃淡のギャップが出てメイクが雑に見えるのです。

さきに手の甲で量を調整して「これならいいな」というところまできたら塗る。一見、面倒な一手間ですが、ファーストタッチの成功はメイクの完成度を爆上げします。きれいにレイヤーを重ねたメイクはエレガンスそのもの。

プロのワザには意味があるので、メイクのブレイクスルーのために「筆」と「手の甲」の技を、ぜひ盗んでください。

012
大人のリップは「落ちない赤」を武器にする

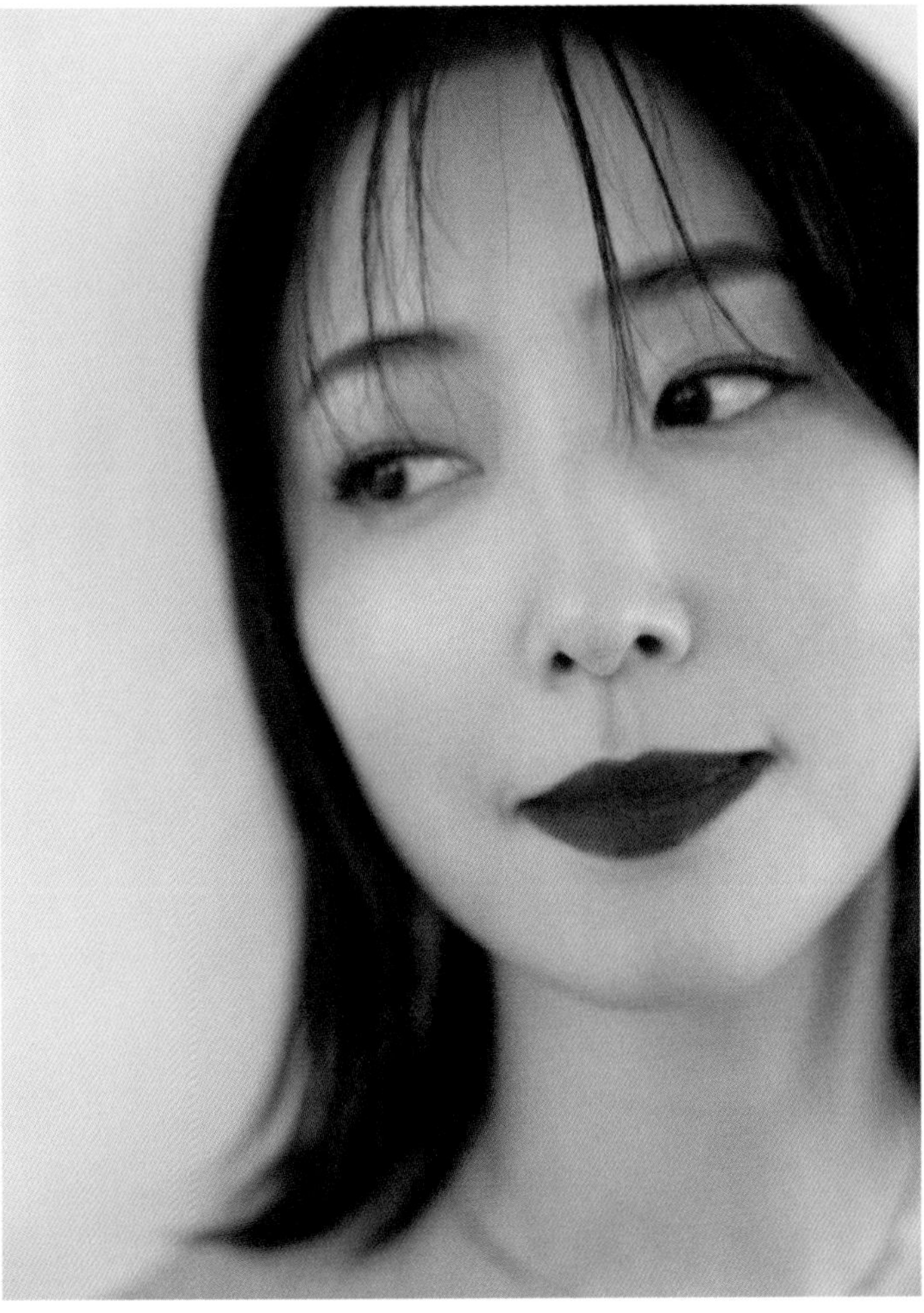

大人のメイクは、「リップ」が最強の武器になります。

どれだけメイクが手抜きでも、リップさえ丁寧に塗れば大人はたちまち「オン」の顔。歳を重ねたら、唇の色素が薄くなって、輪郭もぼやけてきますが、逆にそこをガツンと補えば、一気に華やかで意志的な顔に変わります。

ちなみに私がリップを塗るのは半分は自分のため、もう半分は相手のため。

自分を元気に快活に見せることは、まわりへの気配りのひとつになります。何度も伝えていることですが、華やかでパワーのある顔は運もチャンスも呼び込みます。

最近は落ちないティント系のリップが心強い味方で、**ディオールの「ルージュ ディオール フォーエヴァー リキッド」**[*1]や**メイベリンの「SPステイ マットインク」**[*2]は、色が落ちないのに唇が荒れず優秀です。

その他、色選びで大事にしているのは、なんといっても「発色」！ ベージュでも発色のいいものは「きちんと塗っている感」が出るので、色味より発色のよさが決め手になります。

また、大人の女性は「赤」も選択肢に入れるのはおすすめです。

＊1【リップ】
ルージュ ディオール フォーエヴァー リキッド
558、626、959／各¥5,170

＊2【リップ】
メイベリン SPステイ マットインク 210、205／各¥1,749

赤が似合うのは「大人の特権」。たとえば目もとはアイラインだけきちんと引いて、赤のリップを合わせたりすると、モードでエレガントな雰囲気になって、女度が「ぐっ」と上がります。

ひとくちに赤といってもダークな赤から華やかな赤までバリエーション豊富なので、似合う色を見つけるために、たくさん試してみてください。

赤って「えっ」と思われがちですが、媚びない赤は自立した印象を与えます。自分に似合う赤を見つけたときの高揚感は、ぜひ味わってもらいたい！

その1本が「お守り」のような存在になるはずです。がんばらなきゃいけないシーンで背中をぽんと押してもらえたり、恋愛や仕事のスイッチを入れてもらったり。

私の場合、「映画祭」や「制作発表」に出るとき赤をつけることが多いのですが、自分のテンションも上がるし、その場に華をそえる赤のリップは、大人女子の最強の味方です。

MEGUMIの
ポーチの中身

ポーチの中には選びに選んだ一軍アイテムしか入れません。
ご紹介するものはどれもほんとに優秀。リアルな愛用品を紹介します。

クッションファンデ

クッションファンデはこれがいちばんのお気に入りです。

A BIOR リキッドパウダー エアレスクッション オーガニック アクア美容液ファンデーションSL SPF50+ PA++++／¥5,940

チーク&アイシャドウ

チークとアイシャドウが同色だと失敗がなくあかぬけ顔に。

C product ナチュラルグロウカラー 133／¥2,310

リップ

私の定番は落ちない赤。ベージュ系なら発色のいいものを。ディオールのこのリップはマスクやカップにつかず、発色がよくてお気に入り。

E ルージュ ディオール フォーエヴァーリキッド 558,626,959／各¥5,170

眉ブラシ

この眉ブラシをつかえば誰でも失敗知らず。きれいな眉が描けます。

G アディクション アイブロウ ブラシ 01／¥3,850

透明の眉マスカラ

透明の眉マスカラで毛束感を出すといまっぽい眉が手に入る！

J Aimmx アイブロウジェル&眉毛美容液 00 CLEAR GEL(クリアジェル)／¥2,580

コンシーラー

ようやく出合えたさりげなく隠せる超おすすめコンシーラー 。

B VINTORTE ミネラルシルクコンシーラー SPF50+ PA++++ 3g／¥2,530

アイライナー

これで目尻を「キュッ」と上げるラインを引きます。

D UZU EYE OPENING LINER BROWN-BLACK／¥1,694

マスカラ

マスカラは最大級にツヤとボリュームが出るものを、ということでこれを愛用しています。

F メイベリン ハイパーカール ウォータープルーフR 01／¥1,089

アイブロウパウダー

安くてつかいやすいので愛用中。

H ケイト デザイニングアイブロウ3D EX-5／¥1,210

I ヴィセ リシェ カラーリング アイブロウパウダー BR-3(販売終了)

フェイスパウダー

控えめな輝きがツヤ出しに最高。ほんとに優秀。

K オサジ ニュアンス リフレクション パウダー 01／¥3,850

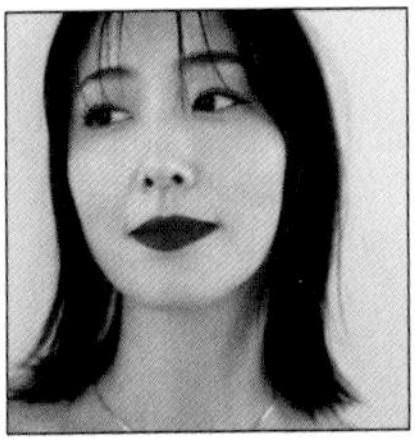

余計なものは
入れず一軍だけを
持ち歩きます

013

ここぞという日の「陰影メイク」

ハイライトとシェーディングは「ここぞ」という日に自分を演出する特別なメイク。顔に陰影をつけて立体感を出すと、生まれ持った骨格を生かしながらよりうつくしく見せることができます。

とくにシェーディングは小顔効果が抜群！ **ADDICTIONの「ザ ブラッシュ 006M」**[*1] をつかって、エラやおでこの生え際を中心に、さりげなく顔の外側を暗くすれば、顔の余白がかなり減ります。

ハイライトは、**NARSの「ライトリフレクティングセッティングパウダー プレスト N」**[*2] や、**BISOU（ビズゥ）の「Diamond Glow（ダイヤモンドグロウ）」**[*3] が私のベストコスメ。これを頬の高いところと顎さきに塗ると、たちまち頬のつや玉とツンとした顎が生まれます。

鼻すじは粉っぽさが目立つと悪目立ちするので、ブラシに残ったものでさっとなでるくらいがスマート。

こうしたひと手間で、女性ならではの透明感と、顔に彫刻的な凹凸、奥行きを出すことで印象的な立体感が手に入ります。

＊1【シェーディング】
ADDICTION ザ ブラッシュ 006M Nakid Veil
2.8g／¥3,300

＊2＊3【ハイライト】
NARS ライトリフレクティングセッティングパウダー プレスト N／¥5,830
BISOU Diamond Glow（luna/mars）／各¥4,290

014
メイクの最後は「水」!

メイクキープにも、メイク直しにも最強なのが**フィックスミスト**。メイクの最後に顔に浴びれば、この一手間でびっくりするほどメイクが崩れることがありません。ミストは肌に潤いも与えますので、撮影で照明を浴びても乾燥しにくく、一日肌のもっちり感が保てます。

ミストは歴代好きなものがありますが、いまの愛用品は**OSAJI(オサジ)の「ニュアンス スキン フィックスミスト」**[*1]。ナチュラルな香りとキープ力に優れています。

日中、メイク直しをする際も、フィックスミストは大活躍! まずはミストで肌を少し潤わせたら、**BIOR(ビオール)のクッションファンデ**[*2](84ページ参照)で崩れたところだけ修正。撮影で別のリキッドファンデを塗っていても、クッションファンデで直せます。

メイク直しはともするとマットになったり、乾燥したりしがちなので、粉はつかわずミストで持続的な潤いを与えていくのが、透明肌派のメイク直しのニューセオリーです。

＊1【フィックスミスト】
OSAJI ニュアンス スキン フィックスミスト(夕涼み/湧水)各50mℓ/各¥2,420

＊2【クッションファンデーション】
BIOR リキッドパウダー エアレスクッション オーガニック アクア美容液ファンデーションSL SPF50+ PA++++/¥5,940

015

「道具」が汚い女はアンセクシー

メイクブラシやパフは、月に1回は手洗いします。

メンテナンスのお供は、メイクアップアーティストyUKIさんが手がけられた**BISOU（ビズゥ）の「コールドプロセス石鹸」**[*1]**。**肌にもつかえる石けんで、ブラシを傷めず、汚れ落ちも抜群です。

洗うと汚れがすっかりきれいに落ちるので、筆の状態がすこぶるよくなりますし、色の混ざりもなくなり、気持ちもサッパリ。

顔には汗も皮脂も付いているので、それらで汚れた筆をまた肌にあてるって、悪い刺激そのもの。面倒でもまめに洗ったり、買い替えたりするのは、肌への大切な「投資」です。

メイクが上手な人は、メイク道具もきれいです。

道具を丁寧に扱う人はメイクも丁寧。そして丁寧なメイクからは言葉にできない品と色気がこぼれ出ます。

＊1【石鹼】
BISOU コールドプロセス石鹼／¥2,750

逆に手入れが雑だとアンセクシーに見えますので、メイク道具はできる限り清潔に。選び抜いた清潔なツールだけをポーチに持てば、メイクの所作も自然とエレガントに見えてきます。

CHAPTER 3

記憶に残す女のカラダ

body

001

キメの細かい女の肌は「スクラブ」でつくられる

ボディは首から足先まで、すべて「スクラブ」で磨き上げ、全身をオイルとクリームで保湿するのが私のたどりついたベストケア。

私は昔から乾燥肌なのですが、顔よりも体の乾燥は強く、冬になると年中、体が粉を吹く始末。ボディクリームを塗るだけでは潤いが足りず、日中は乾燥でかゆくなります。

これを解決してくれたのが「スクラブ」。

あるとき、「体も顔と同じケアをすればいいんじゃないか？」と思い立ち、スクラブで古い角質を取って保湿をすると、これが私の肌にベストヒット！　角質がなくなることで保湿効果が高まるせいか、一日中、潤いがキープできて、やっと粉吹きボディから卒業することができました。

いまはお風呂に入ったら、3回に1回は、Aēsop®（イソップ）の「レデンプションボディスクラブ」[*1]や、dō（どう）の「シグネチャーボディスクラブ&バスペースト」[*2]で、首から足先までまんべんなく磨き上げるようにしています。

光らせたい首とデコルテ、かたくなりやすいひじ・ひざ・かかと、なめらかにしたいおしりと二の腕・脚はとくに重点的にマッサージ。

かたくなったかかとも、1回では変わりませんが、回数を重ねるとやわらかくなってきます。イソップのスクラブは一般的なスクラブと違って、肌触りがよく泡が立つのが特徴。香りもナチュラルでさわやかです。

スクラブのあとはオイルで全身保湿をすると、我ながらうっとりするような、うるうる・すべすべ肌ができ上がります。

この「スクラブでつくるうるすべ肌」は、恋をしているときにすごくいいでしょうし、そうでなくても、キメの細かいなめらかな肌でいられることは、自分の気分を最高に上げてくれます。

いろいろ試して私は3日に1回のスクラブ生活に落ち着いていますが、週に一度でも十分、効果が感じられると思います。

＊1＊2【スクラブ】
Aēsop® レデンプション ボディスクラブ180mℓ／¥4,015
dō シグネチャー ボディスクラブ＆バスペースト 補ho、瀉sha
各600g／各¥8,360

002
ボディの保湿は絶対「オイル」！

ボディの保湿は「オイルファースト」な私。

これも乾燥肌対策です。

個人的な感想ですが、ボディクリームはひどく乾燥した肌には入りづらく、ベタベタする割に表面が乾燥してきて、いまひとつ保湿できていない印象でした。

その点、オイルはすぐなじんで油分が肌の乾燥を防ぐので、保湿の面で心強い！

また、オイルはクリームよりも、ナチュラルな成分でつくられたものが多いのもうれしいところ。

ちなみに私のお風呂上がりのケアは次のような感じです。

まずは濡れたままの体に**I'm La Floria**（アイムラフロリア）**の「バランシングボディオイル」**[*1]を塗ります。

あえて水滴をタオルで拭かないのは、水とオイルを混ぜて〝乳化〟させるため。

オイルが乳化すると、肌に水分を閉じ込めやすく、翌日の肌が見違えるようにもっちりします。

オイルはまず、下着の摩擦でダメージを受けて黒ずみやすいところを真っ先に保護

*1【ボディオイル】
I'm La Floria バランシングボディオイル 30mℓ／¥3,960

して、全身に移ります。

最後に同じく**I'm La Floriaの「デリケートボディクリーム」**[*2]（デリケートゾーンもボディもこれ1本で保湿できる）でフタをすれば完了です。

オイルは気分で**kai（カイ）の「ボディグロー」**[*3]をつかうことも。

こちらはオイル配合のボディミストで、乾燥せず、ベタベタもせず、ほどよい保湿ができます。ミスト状でやや「ひやっ」とするので、お風呂に長くつかって温まったときや、暖かいシーズンにおすすめです。

＊2【ボディクリーム】
I'm La Floria デリケートボディクリーム 150g／¥4,950

＊3【ボディオイル】
kai ボディ グロー 118㎖／¥6,820

003
「酒粕」で赤ちゃんのような肌になる

ふっくらなめらかなボディをつくるために、お風呂でのスペシャルケアにときどき「酒粕」を取り入れています。

日本酒をつくる工程で取れる酒粕には、発酵の過程で生まれるさまざまな成分に「美肌効果」があると言われています。

バスタブにつかって肌がやわらかくなったところで、タオルで軽く拭き、酒粕をひとつかみほど取って全身に塗り込む。あとはパックのように時間を置かずとも、そのまま洗い流すだけでＯＫ。

肌が白くなり、透明感が出て、やわらかくキメの細かい赤ちゃんのようなやわ肌に自分でも感動します。

酒粕は酒屋さんやスーパーでも手に入りますが、たまに地方へ行ったときには、酒蔵を訪ねて買うのも楽しみです。酒粕は料理にもつかう安心な材料ですし、安く買えるのもうれしいところ。

この方法は以前、酵素浴の先生から教わった、酒粕を塗ってから酵素浴をするアイデアを、自宅用にアレンジしたもの。アルコールが気になる方は、腕の内側などで試してからにしてくださいね。

郵便はがき

料金受取人払郵便

渋谷局承認

2087

差出有効期間
2025年12月
31日まで
※切手を貼らずに
お出しください

1 5 0-8 7 9 0

1 3 0

〈受取人〉
東京都渋谷区
神宮前 6-12-17
株式会社ダイヤモンド社
「愛読者クラブ」行

本書をご購入くださり、誠にありがとうございます。
今後の企画の参考とさせていただきますので、表裏面の項目について選択・ご記入いただければ幸いです。

ご感想等はウェブでも受付中です（抽選で書籍プレゼントあり）▶

年齢	（　　　　）歳	**性別**	男性 ／ 女性 ／ その他
お住まいの地域	（　　　　　）都道府県　（　　　　　）市区町村		
職業	会社員　経営者　公務員　教員・研究者　学生　主婦 自営業　無職　その他（　　　　　）		
業種	製造　インフラ関連　金融・保険　不動産・ゼネコン　商社・卸売 小売・外食・サービス　運輸　情報通信　マスコミ　教育 医療・福祉　公務　その他（　　　　　）		

DIAMOND 愛読者クラブ　メルマガ無料登録はこちら▶

書籍をもっと楽しむための情報をいち早くお届けします。ぜひご登録ください！

- 「読みたい本」と出合える厳選記事のご紹介
- 「学びを体験するイベント」のご案内・割引情報
- 会員限定「特典・プレゼント」のお知らせ

①本書をお買い上げいただいた理由は？
（新聞や雑誌で知って・タイトルにひかれて・著者や内容に興味がある　など）

②本書についての感想、ご意見などをお聞かせください
（よかったところ、悪かったところ・タイトル・著者・カバーデザイン・価格　など）

③本書のなかで一番よかったところ、心に残ったひと言など

④最近読んで、よかった本・雑誌・記事・HPなどを教えてください

⑤「こんな本があったら絶対に買う」というものがありましたら（解決したい悩みや、解消したい問題など）

⑥あなたのご意見・ご感想を、広告などの書籍のPRに使用してもよろしいですか？

1　可　　　2　不可

※ご協力ありがとうございました。

004

やれば変わる！
「バスト」マッサージ

デリケートゾーンと同じように、胸も案外、正しいケアを知らないものです。意外に思われるかもしれませんが、私は出産・授乳を経験したので、バストについては昔より下がり、どちらかといえば自信のないパーツでした。

しっかりケアをはじめたのは、〝おっぱい番長〟こと、**経絡整体師の朝井麗華先生**[*1]に直接マッサージを習ってから。

乳がんを早期に発見するためにも、自分で触れる習慣をつくることは大切。これを教えていただいて以来、毎日マッサージをしています。

教えてもらったのは、左のページにある4種類のマッサージ。

私は入浴中や、お風呂上がりのオイルのついでにマッサージをしています。

マッサージを続けるとバストの位置が変わってきますし、乳房全体が「フワッ」としてくるのがわかります。

やわらかくなりすぎて垂れるのはよくないですが、体が「フワッ」としているのはエステの先生いわく、いちばんいい状態だそうです。

＊1【バストケアサロン】
Sphere by Kireika
https://reikaasai.com/salon

“おっぱい番長”
朝井麗華先生直伝のバストマッサージ

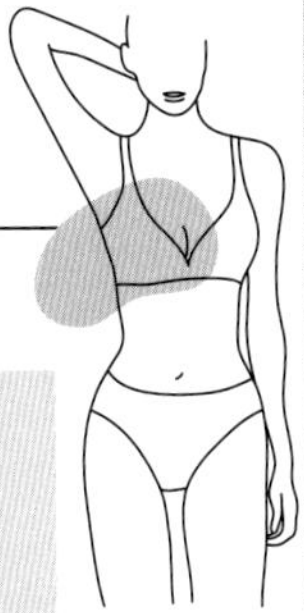

①マインドオープン

バストアップマインドを開くマッサージ。胸の中央（胸骨）に指を縦にあててぐーっと押しながら左右に開く。みぞおちの手前まで行う。

②親指ブスブス

親指を立て、乳房のふくらみ全体（乳首は外す）に差し込むマッサージ。一か所3秒ほどグッと指を立てて指し込む。痛いときはバストの土台の筋肉がカチコチになっているということ。バストのほか、つまりやすい鎖骨の近くと脇の近くも同様に。日常的にやると○。

③バストくるくる

大胸筋をほぐすマッサージ。片手で乳房の下を支え、もう片方の手で乳房に円を描いて大胸筋をほぐす。すくい上げる方向に円を描きながら最後は脇に流す。バストにオイルやクリームをつけて行う。

④肋骨ほぐし

おっぱいを寄せるマッサージ。肋骨の筋肉をグーでほぐす。胸のサイドにグーをあて、肋骨の骨の間の筋肉をなぞりながら体の中央へ。胸が寄ると、身幅におさまってスリムに見える効果アリ。

MEGUMIの
お気に入り入浴剤

バスタイムは自分の気持ちをニュートラルにする大切な時間。
お気に入りの香りに包まれながら自律神経をととのえ、心と体をゆるめる
リラックスタイムに入浴剤は欠かせません。

バスソルト

A ネロリハーブ Rose&Strawberry BATH SALT／¥3,300
B ネロリハーブ Lavender&Blueberry BATH SALT／¥3,300
C ネロリハーブ Chamomile&Orange BATH SALT／¥3,300

D SHIGETA グリーンブルーム バスソルト／¥2,970
E SHIGETA ライトアップ バスソルト／¥2,970

F H & Refresh Citrus 350g／¥2,200
G H & Reset Forest 350g／¥2,200

バスタブレット

H シャネル チャンス オー タンドゥル バスタブレット 10個／¥8,250

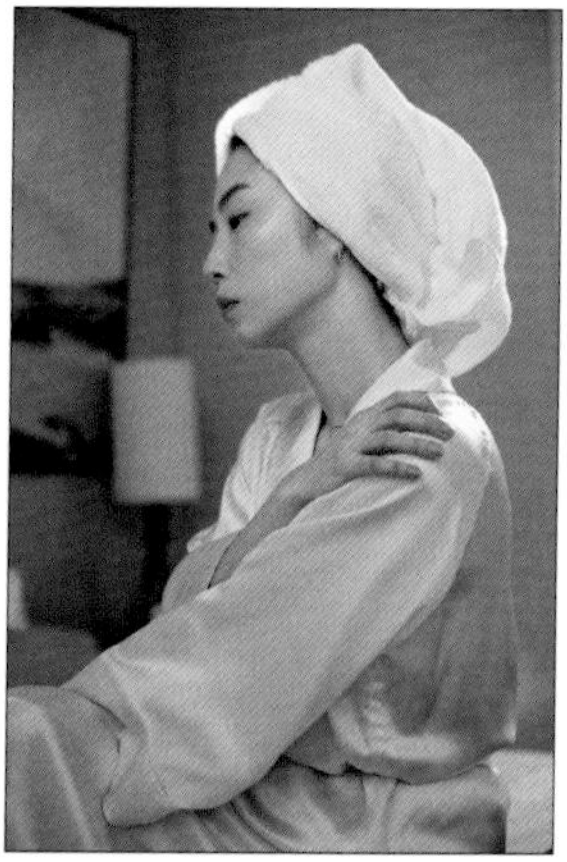

F
C
D
A
B
G
H
E
BATH SALT
H&
Hydrogen Bath Powder
SHIGETA
Lavender&Blueberry
BATH SALT
CHANEL
CHANEL
CHANEL
CHANEL
CHANEL
SHIGETA

005

女の年齢は「背中」に出る！

「背中」。

知らないうちにどんどん肉が付いてきませんか？

日常生活であまり動かさない部位なので、肉が付きやすいのでしょうね。姿勢が悪いとなおさらです。丸い背中に肉がのると、うしろ姿が「おばちゃん」になって、不意にとられた写真に「仰天」します。

〝背肉〟の予防はとにかく動かすこと！　肩甲骨まわりをマッサージしたり、ストレッチするのがいちばんです。

肩甲骨まわりをほぐすには、ソフトボールかマッサージボールが向いています。

私はコリのところにボールをあてて、かたいところをグリグリとほぐして背肉を予防。その他、**「タオルでできるストレッチ」**もやっています。

ハンドタオルの両端を持って、両腕が耳のうしろあたりにくるよう垂直に上げます。そのまま、ゆっくり腕を曲げてタオルを頭の後ろに下ろす。肩甲骨が動くのがわかるでしょうか。

このストレッチを続けつつ、背肉はできるだけ予防して、やむをえず付いてしまった背肉については運動して落としていきます。

006

色気のある「おしり」のつくり方

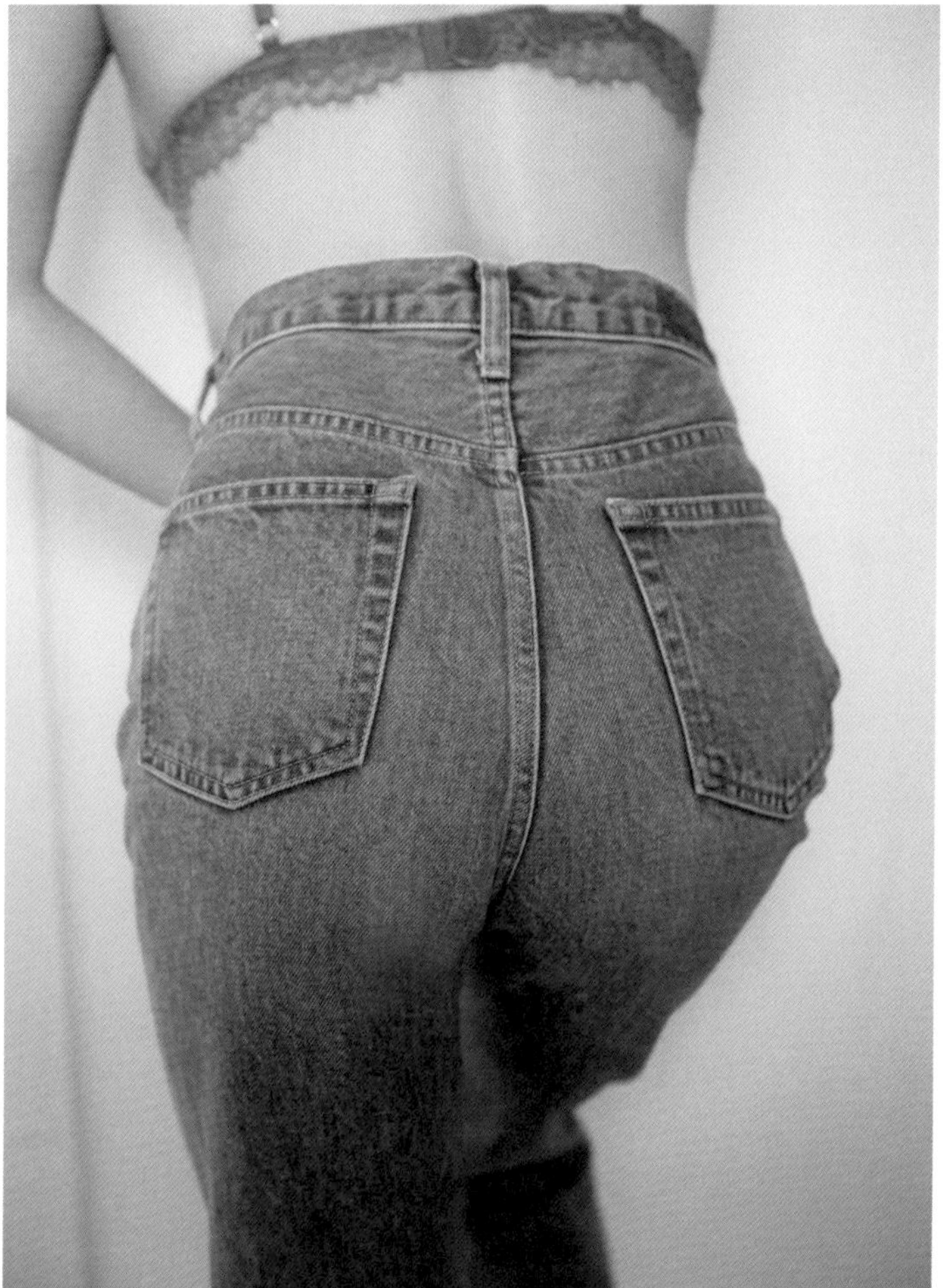

体の中でも「二の腕」と「おしり」って、ブツブツができたり、「ザラっ」とした肌質になりやすいところですよね。

私は子どもの頃からブツブツができやすい体質なので、二の腕とおしりはさきほどご紹介したスクラブとは別に、**ピーリングジェル**で集中的にケアしています。

ザラつきが気になったら、お風呂で体を洗ったあと軽く拭き、**Moalani**（モアラニ）の**「ヒップピールジェル」**[*1]でまずはやさしくマッサージ。

ピーリングジェルはスクラブとはまた違って、マッサージすると固まったジェルがポロポロ剝がれ、シャワーで洗い流すと肌が本当にツルツルになります。

おしりの余分な角質がスクラブ以上にしっかり取れて、肌の表面がフラットに！

下着がこすれてできる「黒ずみ」もやがて取れます。

＊1【ピーリングジェル】
Moalani ヒップピールジェル 120g／¥1,650

007

「セルライト」は運動してから「インディバ」でつぶす

おしりや太ももの「セルライト」。できると気になりますよね。

セルライトを本気でなくしたいと思ったら、まずは運動をして血流を上げ、当日または翌日までに物理的につぶすのが確実です。

私は自分の手では、なかなかうまくできないので、**エステサロン**[*1]**の「インディバ」**（高周波温熱機器）で、つぶしてもらうようにしています。

自分でつぶそうとすると痛くて手加減してしまいますが、他人は容赦なくやってくれます（笑）。

できれば運動してからその日じゅうに施術を受けると、血流がいい状態でほぐせるのでベストなのだそう。

インディバは体の深部を温める機器で、やると恥ずかしいほど汗が出ます。セルライトをつぶしたり、むくみを取ったりいろいろなコースがありますが、体温を上げたいときにもおすすめです。

*1【インディバサロン】
インディバスーパーバイザー 渡邊美穂（インスタ：indiba.miho）
〒106-0045 東京都港区麻布十番2-3-7 グリーンコート402号室
TEL 03-6453-6600

008

「フォームローラー」でしなやかな体を手に入れる

スマホやパソコンを長時間見る生活を続けると、たちまちいろんなところが凝りはじめます。このコリが「むくみ」をつくり、むくみが「太った印象」をつくるんですよね。

そこで私は、体をほぐすことをとても大切にしています。

ほぐすとき最高なのが**「フォームローラー」**[*1]。血流が滞って筋肉がかたくなりやすいのは、おもに「脇の下」「足の付け根」「おしり」「二の腕」。こうしたところを、お風呂上がりにテレビを見ながらローラーでほぐします。

かたくなっているほどに痛いのですが、カクっと滞りが「取れた！」と感じる瞬間があって、循環がよくなるとコリからくる頭痛や息苦しさ、腰痛から解放されます。

継続すると私の場合、おしりが上がったり、二の腕が細くなったと感じることも！　筋肉をつけずにしなやかな体にしたいなら、まずは「ほぐす」！　1回でも変わりますが、体をしなやかに締めるには、「運動して→ほぐす」、この繰り返しがおすすめです。

*1【フォームローラー】
ラド アクセル ボディメンテナンスローラー／¥9,680

009

全身のむくみ取りには「セラガン」

いま、**「マッサージガン」**と呼ばれるパワフルな振動式のマッサージ器具が大人気です。

私は**「セラガン エリート」**[*1]を愛用中。「セラガン」は交通事故の後遺症に悩んだ方が開発したもので、スポーツの世界にも広がっています。

これをあてると血流がよくなってむくみが解消。おしりの横や、足の付け根の部分にあてると、筋肉がほぐれて一気に下半身の血流がよくなってくる感じがします。

フォームローラーはサイズが大きいので、脇の下や足の付け根など広い部位を狙いますが、セラガンは細かく全身にあてていきます。

振動のパワーがすごくて、まるで工事現場のようにガーッと全身ほぐせるのが、つねに時間の足りない「かあちゃん女優」にも最高！

夜に全身をほぐして筋肉の緊張が取れると、眠りの質も変わり、翌朝、またニュートラルな自分で目覚められるのが爽快です。

*1【マッサージガン】
セラガン エリート ホワイト／¥49,500

010

40代の「運動習慣」が運命を分ける

いま、運動は週に3回。

週に2回**ジム**に通い、週に1回**ピラティス**に通っています。

ほかにも**サウナ**や**酵素浴**、**点滴**、**美容皮膚科**、**まゆ毛サロン**などにも通っているので常にスケジュールとはにらめっこ！

仕事の予定が出る2週間単位で、予約が必要なものはバーっと入れ、日中が空かないときは早朝、ジムに行くこともよくあります。

ここまでして運動習慣を維持するのは、運動しないと逆に疲れが取れないから。

「疲れているから何もせず寝よう」だと、やっぱり疲れは残ったまま。忙しいときは血流も悪く、筋肉もかたまりがちなので、そんなときこそ運動で体をめぐらせ、よどみを一掃する。これが私のやり方です。

精神的にまいっているときも、あえて体を動かします。

朝起きてすぐウォーキングをするのもよし、ちょっとがんばって水泳に行くのも◎。

体がめぐると、心のつらさが100パーセントから60パーセントくらいまで減る気がします。体が心を助けてくれるんですね。

40歳を超えると、体力づくりの面でも運動は不可欠です。体のことにくわしい鍼やピラティスの先生が口を揃えて言うのが「40代は大事な時期」だということ。

50代でもエネルギッシュで驚くほど元気な人っていますよね。その元気は、40代の過ごし方にあるのだそうです。

女性は40代で大きく体が変わって、体力も減りはじめます。

ここでフェードアウトするか、運動をプラスオンしていくかで、未来の体が違ってくるのはうなずけます。ただ、もちろんのんびりしたい人もいると思うので、それはそれでありだとも思っています。

私は「めっちゃ元気じゃん、この人」という50代の姿を描いているので、40代は運動を強化し、食事を変えて、美容と健康に向き合おうと決めました。輝かしい50代を迎えられることを信じて、日々楽しみながら続けています。

011

美人オーラをつくるのは「ピラティス」

ピラティスは女性の体にとてもいい運動だと思っています。

そもそもピラティスは、インナーマッスルを鍛え、姿勢とボディラインをととのえるエクササイズ。

膣やおしりの穴を引き締めながら深い呼吸とともにポーズを変えていくので、産後にゆるみがちな骨盤底筋《こつばんていきん》が鍛えられたり、股関節や肩甲骨をやわらかくするアプローチも多いので、女性に合っていると思うのです。

ピラティスは女優に愛好者が多いことでも知られています。

韓国の女優に至っては、さきにも書いた通り、「98%の人が週6回ピラティスをしている」と言われているほど。

立ち姿をととのえ、しなやかなうつくしい体のラインをつくってくれるのもピラティス。

ピラティスはヨガと似ていますが、ヨガよりもややハードな動きが多く、「もっと結果を」と求める人向き。私も以前ヨガをやっていましたが、ストレッチメインのヨガより、もう少し自分に負荷をかけたい、とたどりついたのがピラティスでした。

ピラティスのよさは、なんといっても姿勢が変わること！

普段の生活でゆがんだ体が、ピラティスに行くとあっという間に正常になります。**姿勢がよくなると呼吸もしやすくなって、立ち姿がスッと決まります。**

長年ピラティスをしている70代の女性を**スタジオ**[*1]で見かけると、ものすごく姿勢がいいことに驚きます。かもし出すオーラに余裕と女性性があふれていて、「生きやすそう！」と傍目に感じるほど。

正しい姿勢や深い呼吸の積み重ねが、余裕のあるうつくしさをつくるのでしょうね。

ちなみに、ピラティスは大別すると**「マットピラティス」**と**「マシンピラティス」**の2種類があって、「マシンピラティス」では大型の器具をつかい、より負荷をかけてエクササイズを行います。私はどちらも取り入れていて、その日の体の状態によって変えています。

＊1【ピラティススタジオ】
「I_PILATES アイ ピラティス駒沢公園」
〒154-0012 東京都世田谷区駒沢 5-22-7 THE GATE1B
https://ipilates.jp／

012

トレーニングは「EMSスーツ」で短期集中！

週に2回のジム通いといっても、実はトレーニングは20分だけ。最後のマッサージを入れて、トータル30分くらいです。

私が通う「X BODY Lab（エックスボディラボ）」*1には、EMSのボディスーツを着てトレーニングをするメニューがあり、短時間で効率的な運動ができます。

スーツの見た目は「巨人の星」の星飛雄馬がつけていた「大リーグボール養成ギプス」のようなスポ根的なビジュアルですが（笑）、全身の筋肉を電気で刺激しながら運動できるので、肩や首のコリが取れる上に、気になるところが一度でかなり引き締まります。

体に電気がくるような感じで最初はびっくりしたのですが、二の腕が引き締まったり、お腹の縦ラインがくっきり出てきたりと、目に見える効果があるのでやりがいがあります。

ワークアウトはこれくらいが私には適正量で、長時間のハードな筋トレはこれからも必要ないかも?と思っています。運動はまわりの情報に踊らされず、自分に合うものを見つけて続けています。

*1【トレーニングジム】
「X BODY Lab 麻布十番」
〒106-0045 東京都港区麻布十番2-8-8 エル麻布矢島ビル7F TEL 03-6809-5184

013

「産後」にガクンときた体を元にもどすまで

出産は27歳のとき。

当時はまだ体のことにそこまでの意識がなかったので、産前産後のケアは甘めでした。お腹にシワができないように保湿には力を入れていましたが、骨盤ベルトは外してしまう時間も長く……。

それがたたったのかはわかりませんが、数年後、年に4回もぎっくり腰になってしまいました。そして腰を悪くしたことで怖いくらいに骨格が崩れ、一気に80代のおばあちゃんのようなシルエットに！

これがいまから6～7年前、34～35歳頃の話です。お腹の形が左右で違って、悲しいほどおしりが下がり、ウエストも形が変わって「これはまずい！」と、ようやくボディメイクのスイッチを入れました。

まずは体のゆがみを治そうと、**カイロプラクティック**の門をたたきました。ただすぐにいい先生に出会えたわけではなく、「あまり変化がないな」ということも。技術力が高く、価格的にも通いやすいお店って、そうそう簡単に見つからないものですよね。

あちこち通った末に信頼できる先生に出会ってからは、月に2回通うようになりました。これに並行して、**「ピラティス」**と**「マスターストレッチ」**[*1]もはじめました。

「マスターストレッチ」は、ラウンド型の分厚いシューズを履いてゆるやかに行うエクササイズ。前後にゆれる動きで、筋力と柔軟性を高めます。

もともとはイタリアのトップダンサーが開発し、バレエなどスポーツの世界で取り入れられているのだそう。

出産によって「ガクン」ときた体には、いきなりハードな筋トレを課すより、ゆっくり伸ばしながら筋力をつけるピラティスやマスターストレッチの動きがとても合っていたと思います。

私はこうした遅めの産後ケアを経て、いまのEMSをつかったトレーニングに移ってきた感じです。

＊1【マスターストレッチ】
「51,5TRANSACTION Gym」
〒150-0021渋谷区恵比寿西2-21-4 代官山パークス B2
https://www.515transaction.com/　Mail／transaction.gym@gmail.com

014
40歳からの「ネイル」考

美は細部に宿ると言いますが、**手のきれいな人には性別を問わずドキッとします。**なにげないしぐさもエレガントに見えますし、「官能的」にすら感じます。意識的に色気を纏いたいなら、手はぜひケアに力を入れたいパーツです。

私の場合、ハンドケアは寝る直前に一極集中。

ベッドの中で、つかわなくなった美容液やクリームを贅沢にも手の甲に「ベタベタ」と塗り重ねます。そのまま一晩中潤わせると、翌朝には手の色がクリアになって、肌質もふわふわに！ **手はよく自分の視界に映るので、ツヤツヤしているとテンションが上がります。**

ネイルについては役によりけりで、時代劇をやっているときは自爪でいるので、ネイルオイルでケアをします。

それ以外は、もう15年くらい**ジェルネイル**派。

サロンに行くと**パラフィン（ロウ）パック**など、自分ではできないスペシャルケアをしてもらいます。**手の肌質を底上げするためにもプロに頼るケアには価値があると思っています。**

ただ、予約が取れないとはじまらないので、私はネイルサロンもヘアサロンも、複数のサロンに通っています。「お店を変えちゃいけない」と思っている方も多いですが、もっと自由でいいと思うんです。

ネイルはいつも**単色塗り**。ごくまれに**フレンチ**をお願いするくらい。40歳を超えて自分の体に味が出てきた中では、ネイルはあっさりしているほうがおしゃれに見える気がしています。

トレンドも押さえますが、手をきれいに見せるのは圧倒的に透け感のある「クリアベージュ」。手にツヤ感を出し、透明度を光らせるのがこの色です。

ちなみに手の色によって、長くきれいに見せるベージュの色は異なるので、ネイリストさんの知識を頼って、「私の手をいちばんきれいに見せるクリアベージュを選んでください」とオーダーするのもおすすめです。品のある指先をつくりたいときは、ぜひお試しください。

015
女のあたため大作戦！「腹巻きパンツ」

冷えは美容の大敵！　体を温めることはいつも意識しています。

お腹まわりを冷やさないために愛用しているのが**「腹巻きパンツ」**。私の出身地でもある倉敷発のブランド**〝くらしきぬ〟**の**「はらぱん」**[*1]が、シルクとウール配合で最高に温まります。服を着込んでいない日でも、これをはいていると全身ポカポカ。冬用と夏用があるので、冬だけでなく年間を通して私ははらぱんに守られています。

〝くらしきぬ〟の**「冷えとり靴下」**[*2]もお気に入り。シルクとウールの靴下を交互に4枚重ねばきすれば足はポカポカ！

また、お風呂も工夫しています。熱めのお湯に浸かると、HSP（ヒートショックプロテイン）が高まり、免疫力アップと老化防止につながるのだとか。

ただ常に熱いお湯に入っていると体が慣れてしまうので、私は43℃のお湯に10分ほど×2回浸かるようにしています。

さきにご紹介した**「インディバ」**も温めには効果抜群。忙しい中で体温を上げたいときにおすすめです。

＊1【腹巻きパンツ】
くらしきぬ はらぱん（腹巻パンツ）ショートタイプ／¥7,370

＊2【冷えとり靴下】
くらしきぬ 冷えとり靴下 基本4足セット〈しっかりタイプ〉／¥6,050

016
「女の不調」との向き合い方

美容目的というより、体のメンテナンスのために通っているのが**鍼灸院**。鍼はかなり広い不調に対応できて、腰が痛かったり、頭痛がしたり、顔がゆがんでいたり、悩みすぎて体がかたまったり……、私がどんな症状を訴えても、先生がトリガーポイントに鍼を刺して不調を緩和してくれます。

メンテナンスしながら大事な車にのるように、自分の体も年々、定期的な調整が必要になってきます。そしてこのメンテナンスは不調があるときだけでなく、定期的にすることが大事。

鍼の先生が言うには、仕事で大きなストレスがかかったときや、失恋したとき、精神的に大きなショックを受けたときは、病気につながりやすいそう。これを防ぐには、「やや不調」の状態をなるべくなくして、いい状態をキープするのがいいのだそうです。

鍼灸師は東洋医学の知識が豊富なので、先生にいろいろ教えてもらいながら、新しい知識を得られるのも楽しみのひとつです。

017
体をケアして「自己肯定感」を上げていく

生理や更年期障害、妊活&不妊治療、性のこと、デリケートゾーンの悩み——女性の「体」「性」にまつわる悩みごとは、長い間オープンにしづらいものでした。

それがいま、**「フェムテック (Femtech)」「フェムケア (Femcare)」**という新しいワードが生まれ、テクノロジーやサービス、ケア用品を味方に、女性がひそかに抱えていた悩みに正面から取り組もうという動きが加速しています。

この分野のサービスが増えれば女性がより元気に快適に過ごせるでしょうし、テクノロジーが進むことにはとても期待が高まります。

個人的には同じ女性として女性を応援したい気持ちが強く、2年前、専門家に女性ならではの悩みをクリアにしてもらうYouTubeチャンネル(『Be the Change with MEGUMI』)を立ち上げました。

ヴァギナのこと、**バスト**のこと、**セクシャルウェルネス**(性の健康)のこと。お話をうかがう中で、「自分の体をケアし、愛することは自己肯定感にもつながる」という思いを強くしています。

018

「デリケートゾーンのケア」で女の見えない自信を生む

私はフェムケアとして、40歳を機にデリケートゾーンのケアをはじめました。

まずは**VIO脱毛**。こちらは**ブラジリアンワックス**で脱毛してから光脱毛ができるサロン**「Moalani**（モアラニ）**」**[*1]に通っています。

以前やっていたレーザー脱毛はめちゃくちゃ痛くて、施術中「海老反り」するほどだったのですが（笑）、このサロンは痛みがなくて、私にとってはそこが最大のポイント！（痛いということはそれだけ出力が高かったのかもしれないので、何を優先するかはもちろん人それぞれだと思いますが）。

アンダーヘアの脱毛はまだ一般的ではありませんが、ヘアがあると肌が乾燥しやすいのに保湿しにくく、みずみずしい肌に持っていくのが難しい。なので衛生面でも、お手入れのしやすさでも、私は脱毛するメリッ

＊1【脱毛サロン】
「Moalani」
〒150-0001 東京都渋谷区神宮前4-31-11 コスモ原宿5F
TEL 03-6434-0166

トは大きいと感じています。

デリケートゾーンの洗浄は、デリケートゾーンのpHに調整された専用ソープで。私は**MAROA（マロア）の「フェミニンソープ」**[*2]を愛用中。これは香りに癒されながら、刺激をおさえてやさしく洗うことができるものです。

洗ったあとは、界面活性剤不使用のオイルでしっかり保湿。デリケートゾーンは下着が擦れて色素沈着しがちですが、ケアをするとくすみが薄れ、肌が明るくハリと潤いがアップします。

体じゅうどこまでも肌がふっくらしてみずみずしくなると、自分の体への満足感が生まれ、女としての「見えない自信」が生まれます。

＊2【デリケートゾーン専用石けん】
MAROA フェミニンソープ 280㎖／¥3,080

019
「膣ケア」でメンタルも上げる

出産や加齢で衰えがちな骨盤底筋郡を鍛えるのも、一生の健康のために欠かせないと思っています。インナーマッスルに効くピラティスをしているのもそのため。

また**「膣ボール」**（**インナーボール**）をつかって膣を鍛えるのもいいそうです。

YouTubeチャンネルで取材させていただいた婦人科形成外科の専門医・喜田直江先生によると、ハンモック状に多くの臓器を支える骨盤底筋がゆるむと、尿道を締める力が弱まって尿モレしたり、最悪の場合、子宮や膀胱が下がって外に出る（！）こともあるのだとか。

一方、フェムゾーンの健康は、私たち女性のマインドとも密接につながっていて、尿漏れパッドがないと外出できないほどの状態だった方が、適切な治療を受け骨盤底筋群を鍛えたところ、どんどんきれいになって最後は「起業」をされたというお話もうかがいました。

日本では、デリケートゾーンは「見ない、触らない」文化ですが、フランスをはじめとする海外では「見て、ケアをする」文化なのだそう。

フランス女性が歳を重ねてもチャレンジングで自信があったり、人生を謳歌しているのは、そこにもポイントがあるのかな……と感じます。

ちょっと大げさかもしれませんが、それだけ自分の体の大事な部分に意識を向けて必要なケアをすることは、女性の自己肯定感を上げると思えてなりません。

CHAPTER 4

心を奪う美人のサラ髪

hair

001

35歳を過ぎたら「髪」がドラマティックな女をつくる

女性の印象は「髪」で大きく変わります。

人と話すとき、顔をまじまじ見られることは少なくても、髪はめちゃめちゃ見られています。そしてツヤや色、ハリ、白髪、ダメージといった視覚的な情報から、ほとんどのことがバレてしまう！　でもよく見られるからこそ、髪はあらゆる美容の中で「やった結果」が大きく出ます。

とくに35歳を過ぎると、髪の質感がツヤからマットに変わるので、その変化を受け入れ髪に気を遣える人は、ワンランク上の女性に見えます。私と同年代の方は、世代的にケイト・モスのような「ナチュラルヘア」が最高のおしゃれだと思うかもしれませんが、現実にはベッドから抜け出したそのままの髪が素敵だなんて「幻」です（笑）。

何もしないと一気に「おばちゃん」に見える年齢になったら、ナチュラルヘアはいったん卒業。まずは髪にツヤを足すケアを取り入れるのが第一で、「清潔感」と「ニュアンス」を両立させるのはそのあとがいい！

ちなみにスキンケアやメイクに力を入れている人は、肌と同じくらい髪にも手をかけないとギャップが老け見えさせる「罠」があります。「キレイ」をつくるのはバランス。美肌を引き立てるものは、みずみずしいツヤのある髪だということです。

002
まずは汚れを取らないとはじまらない

私が目指す髪は、「潤いがあり、まとまった、中学生のような髪」。ピュアでヘルシーな髪から生まれるツヤは水気を感じさせ、女性を特別清潔に、きれいに見せます。

そのためにまず必要なシャンプーは、クレンジングをする感覚で汚れを徹底的に落とし切る。「汚れを取らないといいものが入らない」。この原理原則はスキンケアと同じです。

その勝負はシャンプー前からはじまっています。

まずはシャンプー前に髪全体をブラッシング（私は梨花さんが立ち上げたブランド**AKNIR**（アクニー）**の「シャンプーブラシ」**[*1]をつかっています）。

ブラッシングを終えたらシャンプーですが、その前に、お湯のシャワーでほとんどの汚れを洗い流すのがポイント。これは「濡らす」のではなくところどころ

*1【ヘアブラシ】
AKNIR シャンプーブラシ／¥7,900

髪を持ち上げながら「汚れをお湯ですすぐ」感覚で。

いまは美容に特化したシャワーヘッドなどいろいろ出てきていますが、私はシャワーには汚れを流すことを求めるので、「水圧の強さ」のみで選んでいます。

次に行うシャンプーは、とにかく「しっかり泡立てる」。そうすると泡に汚れが移るからです。そして洗うときは「毛先」を意識。スタイリング剤をつけるのはおもに「毛先」。地肌（頭皮）ばかり洗っていると、毛先に汚れが付いたままになるからです。

頭皮は手では洗いきれないので、さきにご紹介したuka（ウカ）の**「スカルプブラシケンザン」の〝ミディアム〟**[*2]でマッサージ。頭皮ブラシをつかうと通常の3倍くらい泡が立ち、頭皮の汚れはもちろん、髪全体の汚れも取れやすくなる気がします。もしシャンプーしても泡立たなかったら、それは汚れが残っている証拠。もう一度シャンプーをして汚れをしっかり落とし切ります。

こうして徹底的に髪と頭皮をクレンズすると、次に行うトリートメント効果が違います。

*2【頭皮ブラシ】
uka scalp brush kenzan medium／¥2,420

003

「髪ファスティング」できれいな髪を取りもどす

実は最近、私の髪は大ピンチを迎えていました。

仕事で2か月の間に髪を「ピンク→黒→ピンク」に変え、二度もブリーチすることになったのです。

当然ながら髪はちぎれるわ、パサパサになるわの大ダメージ。

傷みすぎてまるで鳥の巣のようになった頭があまりにも悲しくて、本当に涙があふれてきました。「髪がきれいじゃないと、こんなにも精神的ダメージを受けるのか」。〝髪は女の命〟と言われるけれど、本当でした。

これをきっかけに一から髪の勉強をはじめ、わらにもすがる思いであちこち足を運んだ中で、「これだ！」というものにようやく出合えたのが**「髪ファスティング」**です。

普段、私たちは髪にオイルやスタイリング剤をつけますよね。私の仕事はとくにそうですが、これが髪に残るのが本当によくない。とくにオイルは要注意で、濡れたままの髪にオイルをつけてドライヤーで熱を与えると、揚げ油と同じで酸化して、悪い油が髪に蓄積するのだとか！「髪ファスティング」は、取りきれなくなったこうした汚れを専用シャンプーで落とすとともに、余分なものをつけるのをやめ、トリートメントでピュアな髪にもどしていくプログラム。

広島のサロン「Arts Holos Element Spa」[*1]で提供される、知る人ぞ知るメニューですが、当時、月に一度だけ東京でも施術があって、お願いすることができました。

すると1回の施術で見違えるほど髪が元にもどってもう感動！

その後、「髪ファスシャンプー」をつかうホームケアを2か月ほど続けたところ、髪は劇的に回復。ツヤとまとまりが出て、子どものような髪質に大変化。いまではほとんどスタイリング剤がいらないほどになりました。オイルが取れたことでうねりの原因がなくなり、くせ毛だったはずがストレートになったのもうれしい驚き。

これは専用のアイテムをつかうので、みなさんの参考になるかわかりませんが、髪質を改善するシャンプー&トリートメントのコツが詰まった「髪ファス」のプロセスを次にご紹介しておきます。

*1【ヘアサロン】
「Arts Holos Element Spa」（広島市）／「ARTS PHOROS」（銀座） https://www.artsholos.com

「髪ファスティング」のやり方

step 1 シャンプー

乾いた髪をブラッシングして、しっかりシャワーですすいだら、PHOROS（フォロス）の**「髪ファスシャンプー」**を泡立てて洗っていく。髪に蓄積したオイルをとり切るのが目的なので、とくに「毛先」の汚れは集中的に落とす。できれば２回洗うと汚れがすっきり！

↓

step 2 頭皮マッサージ

頭皮はuka（ウカ）の「scalp brush kenzan」の〝soft〟でマッサージ。

↓

step 3 トリートメント&マスク

PHOROSの**「髪ファストリートメント」**と**「髪ファスヘアマスク」**を混ぜて、髪全体に塗布したらブラシで髪をとかす。これでトリートメントがムラなく全体にいき渡る。３分ほど置いてから流すと、感動するほどしっとりなめらかに。余裕のないときは時間を置かずに流してもＯＫ。ただ置いたほうがとびきり潤いとまとまりが出る。

004
「頭皮」をととのえれば「髪の毛」は立つ

髪を洗ったらドライヤーで乾かしますが、ここで忘れてはいけないのが**「頭皮のスキンケア」**。頭皮も保湿はマストです！

頭皮が乾燥すると皮膚がかたくなって顔が下がったり、毛根に元気がなくなって髪が抜けることも。逆に頭皮を潤わせれば新たに生える髪が元気になって、**寝ていた髪が「立って」きます。**

髪の毛は死んだ細胞なので切っても痛くないですが、頭皮は生きた細胞。だから必要な潤いを与えれば必ず元気を取りもどします。

私もそうだったのですが**髪に自信がないと「ずっと結んでいるしかない」となりがちです。**でも頭皮ケアをしてハリのあるきれいな髪にもどってくると、「今日は髪がいい感じだからおろしたままでもいいな」と、ダウンヘアも選択肢に入ってきます。サラサラな髪に風を感じながら歩く高揚感は、いくつになっても変わりません。

頭皮ローションはいいものがいろいろありますが、いまは髪ファスティングの流れで、**PHOROSの「髪ファスローション」**[*1]と**「髪ファスセラム」**[*2]を愛用中。頭皮にも髪にもつけられ重宝しています。

＊1【頭皮＆髪用ローション】
PHOROS 髪ファスローション 350mℓ／¥9,680

＊2【頭皮＆髪用セラム】
PHOROS 髪ファスセラム 350mℓ／¥19,580

005
乾かさないなら
髪は洗うな

「髪を濡れたまま放置する」

これだけは美髪づくりのためになんとしても避けたいことです。

濡れた髪はキューティクルが開き、ダメージを受けやすく水分が出やすくなった状態。そのまま寝て髪がこすれると、決定的に傷んでしまいます。

キューティクルを閉じるには乾かすしかありません。

私はお風呂上りにタオルドライし、頭皮と髪の保湿をしたら、時間を置かずに**ドライヤー**[*1]で乾かします。

ドライヤーの前にブラッシングをするのも忘れずに。断然髪がまとまりやすくなります。

泥のように疲れた日、「シャンプーしても、髪を乾かさずに寝ちゃいそう」と思ったら、その日は髪を洗わずに寝て、翌朝シャンプーしたほうが絶対いい！

こういう日は、頭皮用のローションだけを地肌につけて、最低限の汚れをうかせておくといいそうです。

*1【ドライヤー】
ホリスティックキュア マグネットヘアプロ ドライヤーゼロ（黒）
／¥29,700

006

髪をツヤツヤに見せる「くるくるドライヤー」の効果

美容室でブローしてもらったら、髪が「ツヤっツヤ」になりますよね。これは美容師さんが髪を乾かす際、ブラシをあててキューティクルを同じ方向に向かせた結果、表面にツヤが出たためです。

これを家でも実現できるのが**「くるくるドライヤー」**。「カールドライヤー」とも呼ばれるブラシ付きのドライヤーで、昭和の時代に流行りましたが、いままたいいものがたくさん出てきています。

私が愛用しているのは**LOUVREDO（ルーヴルドー）の「復元スタイラー漆黒」**[*1]。サロンで教えてもらったものですがこれがすごくいい！

髪がサラツヤになるので、夜も朝もつかっています。

夜は普通のドライヤーで髪を乾かして、ある程度水分がなくなったところで「くるくるドライヤー」に切り替えます。

＊1【くるくるドライヤー】
LOUVREDO 復元スタイラー 漆黒／¥23,100

根元で髪をすくい毛先まで「すとん」と下ろすと、外向きになっていた髪がきれいにまとまり、サロンでブローしてもらったかのように！

最後に冷風に切り替えてもう一度くるくるドライヤーをあてると、さらにキュッと引き締まり、もう一段階ツヤが出て「天使の輪」も出現します。

朝ヘアセットをするときも「くるくるドライヤー」は大活躍！

まずは髪用にローションをつけ（私はさきの「髪ファスローション」を使用）、髪を落ち着かせたら「くるくるドライヤー」でセット。これだけでも簡単にツヤのあるストレートヘアが出来上がります。

さらにととのえるなら、髪の表面だけに**CREATEs（クレイツ）のヘアアイロン「ハイブリッドストレート プラス」**[*2]をあてて、ツヤを出します。

最後、頭頂部付近に短い髪が飛び出していたら、うっすらとヘアオイルを塗っておしまい。このようにオイルは絶対、乾いた状態で塗るのがポイント。**私は徹底的に「髪が濡れたままオイルを塗る」のをやめてから、本当に髪の調子が上がりました。**

オイルが最小限でも、くるくるドライヤーとアイロンをつかえば、サラサラとしたピュア髪がつくれます。

＊2【ヘアアイロン】
CREATEs ハイブリッドストレート プラス／¥14,080

MEGUMIの
一軍ヘアケアアイテム

私の髪が大ピンチだったとき、救ってくれた神アイテムがこれ。
女性は髪がきれいじゃないと、メンタルへのダメージが半端ない！
他人からもよく見られる髪はきれいにすると投資効果が抜群だから、
スキンケアやメイク同様、髪へのケアも忘れずに。

シャンプー＆トリートメント

A PHOROS 髪ファスシャンプー 500ml／¥7,480
B PHOROS 髪ファストリートメント 500ml／¥7,480
C PHOROS 髪ファスヘアマスク 250ml／¥15,950

シャンプーブラシ＆地肌ケア

D アクニー シャンプーブラシ／¥7,900
E uka scalp brush kenzan medium／¥2,420

スカルプケア

F PHOROS 髪ファスローション 350ml／¥9,680
G PHOROS 髪ファスセラム 350ml／¥19,580
H アクニー 薬用ヘアスカルプセラム／¥7,800

くるくるドライヤー

I LOUVREDO 復元スタイラー 漆黒／¥23,100

ヘアオイル

J OLIOSETA オイルトリートメント 30ml／¥1,650

B
A
C
F
G
PH
OR
OS
PH
OR
OS
HFT
HFS
HFM
AKNIR
J
H
D
I
E

007

あかぬけたいなら「カラー診断」が絶対おすすめ

似合う「髪型」「髪の色」って、自分ではわかりづらいですよね。

眉毛と同じでこれも自己診断はせず、第三者、それもプロに客観的なアドバイスをもらったほうが確実にあかぬけます。

自分だけに似合うスタイルを知るには、ぜひ一度**「パーソナルカラー診断」**と**「骨格診断」**を受けることをおすすめします。

メイク、髪型、ファッションすべて似合うものを教えてもらえるので、一度診断を受けるとその知識は一生もの。**人生を変える投資**と言っても過言ではありません。確実にあかぬけるし、いい印象を持たれるし、恋愛面でも仕事面でもいいことしかありません！

ある年下の女優さんもこの診断を受けて、「いったいどうしたの⁉」というくらい素敵になっていました。

サロンは全国各地、さまざまあると思いますが、私は表参道のサロン「ema」[*1]でカラー診断と骨格診断、顔タイプ診断を受けました。

結果、私は「髪型は（ウェーブなしの）ストレートで、服は鎖骨が見えたほうがいい」「パフスリーブの服は似合わない」など、髪型・色・ファッションすべてに具体的なアドバイスをもらって、以降、買い物がものすごくラクに！

自分に必要なものと不要なものが明確になるので、ムダなお金をつかうことも確実に減りました。

〝好き〟と〝似合う〟は違うもの。

自分が持つ武器を最大限生かしていちばんキラキラした自分を演出できるのは〝似合う〟ものだけ。

もちろん、好きならそれでいいという意見もひとつですが、似合うものを身につけたときの輝き方、人生の変わりようも、一度体験していただきたいことです。

＊1【パーソナルカラー診断サロン】
「ema」
〒150-0001 東京都渋谷区神宮前5-47-10
OD表参道ビル302
TEL 03-6416-5326（BONITO）
＊トータル診断（骨格・パーソナルカラー・顔タイプ・ポイントメイク）¥38,500

008

損をしない「茶髪」って？

ヘアカラーは2か月に一度。

オーダーするカラーは、基本的には「茶色っぽい黒」です。肌の色にも合うし、私の目の色が真っ黒ではなく少しブラウンがかっているので、目の色と髪の色が調和してしっくりきます。

さきにご紹介した「パーソナルカラー診断」は、似合う髪色がわかるのも大きなポイント。というのも大人の女性は「茶髪」で損をしている人がすごく多いと思うからです。

日本人はもともと肌の色が黄色みを帯びているので、髪もハイトーンな茶色だとぼやけた印象になりがちです。さらには黄色がかった茶髪はすごく老けて見せるリスクもあります。

もちろん、そうした茶色が似合う人もいますが、茶色は基本的には奥が深くて実はハードルの高い色。迷ったら「目の色に合わせる」のがまちがいがない選び方になりますが、カラー診断では、似合う色味とトーンがクリアになるので、「茶色」の中でも似合う色がわかって、損することがなくなります。

009
「高校生」であなたの髪型は止まっていないか?

ヘアスタイルもメイクもですが、いちばん研究したのって、学生時代じゃなかったでしょうか。私も髪をコテで巻いたり、アイロンをあてたりと、いちばん情熱を注いだのは「高校生」のときでした。

危険なのは、私たちの多くは「ここ」がピークになっていること！

でもこれは、責められることではありません。大人になっていろんな役割が増えてくると、日常に追われて「トレンドチェック」なんてしていられない！　私もこの仕事をしていなかったら、高校のときの髪型のままでいた可能性はおおいにあります(笑)。ただ、更新が止まるというのは、自分を後回しにしている証拠。そろそろ自分に関心をもどして、女としての自分を大事にしたいところです。

時代の空気感をつかみながら「楽しく自分をアップデートしている人」って、最高に魅力的だと思います。時代感覚を持ちつつオリジナリティーを出せる人は、異性からも同性からも愛されます。

自分の顔も変われば、時代も、ヘアメイクのトレンドも変わります。いまの自分に似合う髪、メイク、ファッションは必ずある。カラー診断を試したり、トレンドを知ったりして、楽しみながらアップデートをしていきましょう！

010

美容院は「ブロー」「カット」「カラー」でつかい分ける

美容院はつねに頼れるサロンを複数もつのが私のスタンダード。

美容師さんそれぞれに得意分野があるので、「カットはこの人」「でもこの髪型ならこの人」「カラーはこの人」など、目的によってサロンを選んで、理想の自分を手に入れるようにしています。

また「今日」を気持ちよく過ごすために**シャンプー&ブロー専門の美容院**でクイックに髪をととのえてもらうのも大好き。『ホットペッパービューティ』で、「シャンプーとブローで2200円!?」などおトクなお店を見つけて予約することも!

たとえばドレスコードのあるレストランに行くとき、ドレッシーな服を着たものの「髪どうすんの、これ?」ってなることありませんか? そんなときブロー専門のサロンは重宝します。ワンコインでマッサージもつけたりして、リラックスして心身ともにいい状態で出向けるとテンションが上がります。

勝負の日に限らず、普段のデートや食事の前に、こうしたヘアサロンも選択肢に入れる。これはかなりおすすめです。

CHAPTER 5

心とカラダをととのえる

mental

001

自律神経をととのえる「バスタイム」

人間、生きていればいいことも悪いこともありますよね。私も「あのときああすればよかった」「あんなこと言わなければよかった」と、後悔することはもちろんあります。

そんなときお風呂に入るのは、ある種自分をととのえる〝儀式〟のようなもの。いやなことがあったら身を清めて「ザーッ」とそれごと洗い流す。逆に気持ちが上がり過ぎていたら、ニュートラルにととのえる。バスタイムは自律神経をととのえて、心身をゆるめ、眠りに誘導する一日の大事な時間です。

心のケアのために私が最近しているのが**キャンドルをつかったマインドフルネス**（「いま」に心を向けること）。

浴室の電気を消し、真っ暗な中でお湯につかって深い呼吸を意識しながら、絶えず形を変えるアロマキャンドルの火を見ていると、だんだん頭の中が穏やかに。

瞑想にキャンドルをつかうのは、せっかちで常に頭が忙しい私が、より簡単に集中するために見つけた方法。〝いま目の前のこと〟だけに意識を向けることは、精神にもいい影響があると言われています。

人はなるべくニュートラルでいたほうがパフォーマンスが上がって、いい選択、いいクリエーションができるもの。だからマインドフルネスは、できる限り生活に取り入れたいと思っています。

気持ちがゆらいでいるときは、バスタイムに**dō**（どう）の**「ボディスクラブ＆バスペースト」**[*1]を取り入れます。これは和漢植物エキスがブレンドされた絶妙なプロダクトで、やや強めのアプローチで自分に植物の力が加わる感じ。**「補 ho」**と**「瀉 sha」**の2ラインがあって、「補」は陽の要素、「瀉」は陰の要素を補えます。

スクラブなので全身を磨いたあと、そのままお湯に浸かれば入浴剤に。毎日つかうには贅沢なお値段なので、登場は週に1~2回です。

お風呂で心身をリセットしたら、なるべく早く髪を乾かして、ポカポカのうちにベッドへ。スマホは触らず、本を読んでいると体温がだんだんと下がって、いい眠りへと誘われます。

＊1【ボディスクラブ】
dō シグネチャー ボディスクラブ＆バスペースト
補ho、瀉sha 各600g／各¥8,360

002

めんどうなお風呂のテンションを上げるもの

儀式的な入浴、というと、優雅なバスタイムを想像されるかもしれませんがとんでもない（笑）。疲れた中でのお風呂は大前提としてめんどうくさいし、体を洗うのは「なんて楽しくない行為なんだ！」と思いながらやっています。これもわたしの日常のリアル。だから私はボディーソープだけは「香り」と「かわいさ」に全振りして、バスタイムのテンションを上げています。

ボディーソープはプチプラからハイブランドまで、つねに3種類は用意します。テンションの上がるボディソープって実は本当にたくさんあります。パッケージが洒落ていたり、フェミニンでときめきをもらえる香りだったり。

シャネルのシャワージェル[*1]なんて、最高に優雅な香りでつかうだけで即いい女気分。ギフトで高級なものをいただいたら、大きな仕事の前日につかって気合いを入れるのもおすすめです。

ちなみに体を洗うのはスポンジで。**kai**(カイ)の水だけで泡立つ「**ボディバッファー**」[*2]は、香り、泡立ちがよくお気に入りです。

＊1【シャワージェル】
シャネル N°5 ロー イン シャワージェル 100mℓ／¥6,050

＊2【ボディスポンジ】
kai ボディ バッファー 78g×2／¥7,150

003

「ハーブ」は想像以上に心に効く!

イギリスではメディカルハーブで体調をととのえる**「植物療法」**がさかんで、いま日本でも注目を集めています。

私は海外の映画祭を前にテンションを上げなくてはならなかったとき、どうにもこうにも倦怠感が収まらず、やる気が出なくてピンチを迎えていました。これを救ってくれたのが**「ハーブティー」**。

下北沢の**「NeRoLi herb(ネロリハーブ)」**[*1]には女優も多く通っていて、カウンセリングの上、体の悩みに合わせたハーブティーを調合してくれます。漢方薬の味がダメだった私にもハーブティーは驚くほどおいしくて、3日ほど続けたところで「あれ、元気かも?」と気分が回復。以来、毎日800mℓのハーブティーを保温性の高い水筒に入れ、毎日欠かさず持ち歩いて飲んでいます。

ちなみに水は1日「1・5リットル」飲むのがマイルール。鍼やクリニックの先生によると1・5リットルが適量で、飲み過ぎるのもよくないそう。たっぷりの水で体をめぐらせ心と体をととのえます。

＊1【ハーブティー専門店】
「NeRoLi herb」
〒155-0031 東京都世田谷区北沢2-1-7 ハウジング北沢ビルII 3F　TEL 03-5432-9265

004

「香り」で自分を抱きしめる

「香り」専用のポーチを持ち歩いているくらい、香り好きな私。

香りって思っている以上に力があると思っています。

疲れているときに吸い込むと、呼吸が深くなって、一気に頭がゆるんだり、ホルモンバランスがゆらいだときは、香りの感じ方で「今日はこんな日なのね」とバイオリズムを知るのに役立ったり。

香りは直接肌に触れるので、妥協せずに選びます。

1本持つと万能なのが、**肌につけられるアロマオイルやエッセンシャルオイル**。

仕事前に首につけてマッサージをしたり、ボディクリームに混ぜて香りで自分を守ったり。デコルテにつければツヤが出るし、もちろん香りをかぐだけで癒し効果も！　私にとってはいつも持ち歩く「お守り」のような存在です。

Saly Beautism（サリービューティズム）の「キャプティベイト・パフューム」[*1]は全種類揃えるほどのお気に入り。**doTERRA（ドテラ）のエッセンシャルオイル**[*2]も品質がよく、常に数本置いています。

THERA（テラ）の塗香《ずこう》[*3]もポーチに入れて持ち歩く大好きな香り。塗香は古くから伝わる**「和香水」**で、香木や漢薬の香原料を細かく砕いてブレンドしたもの。気分がすっきりする香りです。

香水は演じる役ごとに選んで、撮影中に纏うのがマイブーム。香りが記憶を呼び起こし、役のスイッチを入れてくれます。これは女優の宮沢りえさんに倣ってはじめた習慣。

家の中でも香りは私の心強い味方。お香やアロマオイル、香水をストックして、そのときどきの気分で選んでいます。

眠る前に寝室を真っ暗にして、ルームスプレーを「シュッシュ」としたり、お香をたいて好きな香りにつつまれて眠るのも至福！

いい香りをかぐと呼吸が深まることで、イライラや頭痛もスーッと薄れ、一日の終わりを心地よく癒してくれます。

＊1【アロマオイル】
Saly Beautism キャプティベイト・パフューム／各¥4,064

＊2【アロマオイル】
doTERRAラベンダー 15mℓ／¥5,600、フランキンセンス 15mℓ／¥15,000（参考小売価格）

＊3【和香水】
THERA 塗香 3g／¥1,870

005

食べたものが体をつくる
3食の「マイルール」

どんなときも体が資本！　私たちの体は食べたものでつくられるので、食べ物には気をつかうようにしています。ここでは私の1日の食生活をご紹介します。

◆「朝」（排泄の時間）

朝いちばんに飲むのは、**レモンをしぼった白湯**《さゆ》。レモンには抗酸化作用があって、体の「酸化」を防いでくれます。**故・メイ牛山さん**（元ハリウッド美容専門学校学長）は1日に4～5個レモンを食べて90代でも元気にお仕事をされていたそう。白湯のあとは好きなコーヒーを一杯。腸活にいい**ココナッツオイル**を入れて飲みます。

午前中は排泄の時間なので多くは食べませんが、空腹を感じるときは旬のフルーツをいただきます。ちなみに家族には毎朝お味噌汁をつくるのがかあちゃんの日課。

◆**「昼」**（しっかり食べる）

3食のうちもっとも食べるのが昼。日によってバラバラですが、外食ならおにぎり屋さんやお蕎麦屋さんに入ります。ひとつ決めているのは「最初に生のものを食べること。」サラダや大根おろしなど火を通さない生の野菜は、酵素を含み消化を助けてくれるものです。

◆**「おやつ」**（素材をそのまま）

焼き芋や**栗**は間食にうってつけ。その他、**ナッツ**や**ゆで卵**など、おやつは素材そのままを。とはいえときには差し入れの洋菓子もいただきます。

◆**「夜」**（味噌汁・肉・野菜が中心）

週に4〜5日くらいは自炊して家族で夕食。体を温めるお味噌汁と、美肌をつくるお肉、ごはんが夕食のベース。必ず食卓に出すのは旬の野菜。サラダにしたり、ディップをつけて食べたり、浅漬けにしたり。野菜を飽きずにたくさん食べられる方法を選んでいます。

006

10日間の「若玄米デトックス」でウエスト6センチ減！

半年に一度、体をデトックスすることを習慣にしています。

ただ、ファスティングなど「食べない」デトックスは私のようにせわしなく動く人には不向きのようで、肌が荒れてシワっぽく（！）なってしまいます。

食べながらデトックスできる方法はないものか。そう思って探していたとき出合ったのが**「若玄米リセットプログラム®」**[*1]。

これは10日間、1日に2合の若玄米とたっぷりの野菜の味噌汁を食べ続けるというプログラムで、おかずは少量の昆布やお漬物、梅干しなど。動物性の食べ物は控えます。また「咀嚼＝胃腸の運動」という考えから、一口目は100回噛むことを目指します。

私は管理栄養士の**萩野祐子さん**にサポートしてもらって、不安なことは逐一聞きながら進めました。

＊1【デトックスプログラム】
食べる断食® 若玄米リセットプログラム®／¥59,400
https://you-eat.net/

最初は、「お米を1日2合も食べるなんて太るのでは?」と半信半疑ではじめましたが、開始4日目から逆に体重が落ちはじめ、10日を終える頃にはウエストがマイナス5センチ(!)に。背中の肉も減り、肩コリと腰痛も緩和。頭がクリアになって、寝覚めもよく、「食べ物が人をつくるのか!」と痛感しました。

ただ毎回、最初の5日間くらいはちょっぴりつらい。咀嚼が多いこと、カフェインを抜くことで、私の場合は頭痛がきます。さらには代謝の変化でむくみはじめる。でもそのあとは、体が一気にラクになって、体全体がサイズダウンするのも楽しめます。

いちばん最近のプログラムでは、体重がトータルで2キロ落ち、ウエストも約6センチ減! プログラム中は血糖値の上昇がゆるやかなので、食後の「動けない」「眠い」もなくて、さくさく行動に移せます。そしてなぜか片づけ熱に火がついて、ものすごくモノを捨てられるのも楽しい変化。

体質は人それぞれなので、誰にでもおすすめというわけではありませんが、私にとっては半年に一度、体と向き合うこんな時間を取るのはいいなと続けています。

007
「腸活」のためのマイルーティン

40歳を超えてきれいな人は、「元気」で「自然体」だと感じます。「朝すっぴんで会ってもきれい」が私が目指すうつくしさ。そのために私が最近力を入れているのが**「腸活」**です。

ただ腸にいいものを食べるのではなく、お腹（腸）を温めて腸の働きをよくした上で、腸にいいものを摂る。これを実践しはじめてから、便秘がなくなり、全身ぽかぽか、肌ツヤもよくなり、見た目にもいい変化があらわれている気がします。

NeRoLi herb[*1]（ネロリハーブ）（171ページ）**の菅原あゆみさん**によると、腸は「冷え」の影響を受けやすい臓器で、腸が冷えた状態ではいい吸収ができず、免疫力の低下、慢性的な倦怠感、不眠、イライラなど、さまざまな不調を招くのだそう。腸は食べたものを消化・吸収するとともに、不要なものを排泄する器官。腸内

*1【ハーブティー専門店】
「NeRoLi herb」
〒155-0031 東京都世田谷区北沢2-1-7 ハウジング北沢ビルII 3F　TEL 03-5432-9265

環境は私たちの免疫力を大きく左右する〈健康の要〉だと思っています。腸を温めるためにも、私は毎日、湯船に浸かっています。

その他、腹巻きで冷えを防止したり（137ページでもご紹介した「はらぱん」*2を愛用）、冬はお腹と背中にカイロを貼るのも欠かせません。

内側からの温めにいいのは「ドローイン」。姿勢をよくして「もう無理！」というところまでお腹を凹ませると、それだけで体は内側からぽかぽかしてきて指の先まで温かくなります。これは仕事や家事をしながらできるので、1日数回を習慣に。

食べ物で日常的に飲むといいのが、緑茶とミントティーを混ぜた「美腸ティー」。脳の老化を防ぎ、腸をきれいにする効果があるのだとか。

牛骨や魚の骨のだしスープ「ボーンブロス」もおすすめです。これは腸の粘膜を修復し、古いものを取り去ると言われています。

納豆は、ひきわりのほうが納豆菌が多く腸活に向きます。寝る前に一口サイズのひきわり納豆とお味噌をまぜてパクッと食べると、腸で善玉菌が「ワッ」と増え、腸の働きを助けてくれます。

次のページでは、簡単な「腸活ドリンク」のレシピもご紹介しておきます。

*2【腹巻きパンツ】
くらしきぬ はらぱん(腹巻パンツ) ショートタイプ／¥7,370

ネロリハーブ 菅原あゆみさん直伝!
カラダがめぐる
カンタン腸活レシピ

おなかを中から温める

甘酒ホットチョコレート

材料（1人分）

甘酒……1カップ
ココアパウダー……適宜

つくり方

1　温めた甘酒をカップに入れ、好みの分量のココアパウダーを入れてよく混ぜる。

甘酒は
食物繊維や
オリゴ糖を多く含む
発酵食品!

ココアは
食物繊維が豊富♪
血流upで
体を温める!

腸を元気に!

オリーブオイルとココアのホットスープ

材料（1人分）

ホットココア……1カップ
オリーブオイル……適宜
オリゴ糖……適宜
ミックスナッツ……適宜

つくり方

1　ホットココアにオリゴ糖とオリーブオイルを入れて混ぜたら砕いたミックスナッツを加え、ホットスープとして飲む。

オリーブオイルは
腸を温め働きを
活発にする

オリゴ糖は
腸のぜん動運動
を促し、
ビフィズス菌を
増やす

ナッツは
血流活性、
老化防止に！

腸のおそうじに!

シナモンバナナ甘酒シェイク

バナナは
便をやわらかくする
マグネシウムが
豊富!

材料（1人分）

バナナ（小さく切る）……1本
甘酒（温める）……1カップ
オーツミルク……1/2カップ
オリゴ糖（ハチミツでも）……大さじ1
シナモンパウダー……小さじ1

シナモンは
血行をよくし、
整腸・消化促進作用で
冷えた腸を
温めるのに最適!

つくり方

1 すべての材料をミキサーに入れ、バナナがなめらかになるまで攪拌する(ハンドミキサーでも可)。

冷凍ストックで毎日飲める

レッドソイサーモンスープ

トマトは悪玉
コレステロールを
こびりつき
にくくする

材料（1〜2人分）

トマト……1個
玉ねぎ……1/2個
鮭の水煮缶……1缶
煮干し粉……大さじ1

A
- 黒豆きな粉……大さじ1
- 黒酢……大さじ1/2
- 赤味噌……25g
- 麦味噌……25g
- すりごま（白）……小さじ1

鮭は血液を
きれいにし、
タンパク質やEPA、
DHAも摂れる

玉ねぎは
悪玉
コレステロールの
増加を防ぐ!

つくり方

1 鮭の水煮缶を汁ごとチャック付きポリ袋に入れ、揉みほぐす。

2 1に刻んだトマト、すりおろし玉ねぎ、煮干し粉、Aを入れ、よく揉み込む。

3 2を平らにして冷凍する。

4 適当な大きさに割り、適量をカップに入れて熱湯を注ぐ。

008

幸せになるために「朝のウォーキング」を日課にする

私は朝起きたらできるだけ1時間以内にウォーキングしています。午前中に太陽を浴びると、幸せホルモンとも呼ばれる「セロトニン」が増えます。またセロトニンを増やすにはリズム性の運動がいいそうなので、歩くとダブルの効果がある気がします。

朝いちで歩くと、外気に触れるうちに「なんでもできそうなやる気」に満ちてくるのがわかります。朝から幸せな気持ちになれた日は、一日中調子がいいのがさらにいい！

30分ほど歩けたら理想ですが、余裕のない日は5分でも3分でも歩くと気分が違います。とくに何かつらいことがあるときほど歩いたほうが精神的には上向きになるのを実感します。

歩く時間がないときは、窓を開けて太陽を浴びるだけでも効果は十分。ピラティスの先生によると、太陽を浴びながら首を振るだけでもセロトニン分泌をうながす効果があるのだとか。

自分を幸せにできる「セロトニン活」、おすすめです。

009
悩みは「ノート」に全部書き出す

理不尽なことがあったり、人に裏切られたり。ネガティブな感情にのまれてしまう日って誰にでもありますよね？　私にだってもちろんあります。

そんなとき私はノートに心のつらさを吐き出します。（これが苦しい）（これがつらい）ということを一つひとつ。恥ずかしいけど誰が見るわけでもないので全部本音を書き出します。

ただ、悩みって書き出してみると3つくらいしかないことが少なくない。精神がやられているときって「悩みが無限にある」と感じますが、いざ書いてみると3つくらいで手が止まります。たぶん3つのことが頭の中でぐるぐるしているだけなんでしょうね。

紙に書くと、どう折り合いをつければいいかも見えてきます。

たとえば「これはもう時間を薬にするしかないな」

とか、「私のせいだから謝るしかない」とか、「これは私のせいじゃないから、もう許すしかねえか」とか（笑）。

それがわかると、もう、するすると気持ちが落ち着きます。

40を過ぎて悩んだ顔をしていると、〝かわいそう〟ではなく、〝怖い〟と思われますから（笑）、自分のメンタルケアも仕事のうち。いろいろ試して、自分が落ち込んだときに自分の手綱をひく方法を見つけられると、生きるのが少しラクになります。

悩んだら本に助けを求めることもよくあります。

いまはネットでいくらでも情報が出てきますが、私は本で得られるものが本物の情報だと思っています。1冊の本をつくるのは相当大変な作業で、強い意志とエネルギーがないとできないこと。私自身も本をつくって苦労した経験があるからこそ、人一倍、本を信じています。

とくに30代から40代にかけて、仕事がうまくいかなかった時期はむさぼるように本を読んでいました。

参考までに、私の人生に大きなヒントを与えてくれた4冊の本を紹介します。

MEGUMIの
心に効いた本4冊

本にはほんとうに助けられています。心を穏やかに保つには、
メンタルコントロールのみならず体のコントロールもすごく大事。
ここでは私が悩んだときに頼りにした本4冊を紹介します。

『野心のすすめ』
林 真理子 著／講談社現代新書
林先生が壁にぶつかりながら成長してこられたことが綴られた本。日本では女性が野心をあらわにすると引かれることが多い中、本書はこれを力強く肯定しており、とても勇気をもらいました。

『女子の働き方　男性社会を自由に歩く「自分中心」の仕事術』
永田潤子 著／文響社
著者は海上保安大学校に女子として初めて入学し、海上保安庁に勤務された方。男性社会で働くためのヒントが得られます。エネルギー・チャージのために「昼ビール」をされるというのもいい！

『最高の体調』
鈴木祐 著／クロスメディア・パブリッシング（インプレス）
「たとえ映像でも自然を見るとストレスが減る」など、科学的根拠に基づいた情報がびっしり。ウォーキングで脳のパフォーマンスが上がることもこの本で知り、実践しています。

『神メンタル　「心が強い人」の人生は思い通り』
星 渉 著／KADOKAWA
悩みを紙に書き出す習慣はこの本に影響を受けてはじめました。ほかにもメンタルをととのえるためにはどうするか、具体的な方法がわかります。

010

瞑想で心を「からっぽ」にする

魅力があって大勢から愛され、大事にされる人って、共通して「表情がいい」と思いませんか？

表情ってその人のいちばんのうつくしさ。たとえ肌がきれいで美容にお金をかけていても、眉間にシワが寄っていたり、自信のなさそうな表情をしていたらきれいには見えません。

心の状態をよくすることが人をいちばん魅力的に見せるので、私は美容と同じぐらい「心のケア」は重要だと思っています。

心のために私が味方にしているものが**「瞑想」**。

瞑想をして心をととのえると、つらいことがあってもそれを客観的にとらえられるし、人に会ってもいい感じの自分でいられます。

「いろんなものに追われるばかりで1日が終わってしまう」という人も多いと思うのですが、私は最近「追われるばかりの人生でいいのか⁉」と思うようになりました。

そう思ったときも瞑想。家で瞑想するといいひらめきがあって、それを行動に移すと進みも早い！　頭が整理されるので仕事も早く終わります。

◆瞑想って？

私たちは（あれをしよう）（これをしよう）（寒い）（暑い）（これがいやだ）など、1日に20万個ものことを思考しているそう。こうした思考に埋め尽くされると、人はアイデアやひらめき、直感などが出てきません。そこで心を無にして頭をクリアにして、クリエイティブなものを引き出そうとするのが「瞑想」です。最近では科学的にも健康や脳へのいい影響が確認されていて、スティーブ・ジョブズをはじめ、世界的な成功者たちに愛好されています。

◆瞑想のしかた

やり方はいろいろですが目をつぶって呼吸に集中する瞑想は、朝と夕方の2回、空腹時に行うのがいいと言われています。このとき**「究極の瞑想」**（アプリ）や、

YouTubeでナビゲートしてもらうと初心者でもはじめやすいと思います。時間はなるべく20分を目指して行いますが、難しければ3~5分で終わらせることも。

朝、瞑想のあとリビングを水拭きすると、「こんなに気持ちがいいんだ!」というくらいサッパリして、頭もクリアになります。

◆ニーマルメソッドによる瞑想

最近、私がはまっているのが、ネパール出身の**ニーマル・ラージ・ギャワリ先生の瞑想メソッド**[*1]。先生は9歳からヨガをはじめ、15歳から王族や政府要人にヴェーダ哲学や瞑想を指導していたという人。私は瞑想で思考を遮断するのが苦手だったのですが、ニーマルメソッドでは「次はこの指をこの指に変えて」「次は……」と、やることをどんどん指示されるので瞑想に入りやすいと感じています。やればやるほど頭の中が「パッカーン」とクリアになって精神的にも落ちついてくる。私は意外と心配ごとが多くて、まだ何も起きていないのに勝手に心配していることも多いのですが、それが瞑想でかなり安定しています。

*1【瞑想スタジオ】
「suwaru (スワル)」 https://suwaru.co.jp/
※suwaru瞑想アプリ(瞑想お悩み相談・オンライン瞑想クラス)2023年4月公開予定

◆お寺で坐禅

京都に行ったときは、よく**「両足院」**[*2]を訪れて座禅をさせてもらいます。ここには**伊藤東凌《とうりょう》さん**（イケメン住職！）がいらして、瞑想に導くのがすごく上手。400年前のお庭を愛でながら坐禅をすると、お線香の香りを感じたり、風を感じたりしながらいま起きていることに自然とフォーカスできて、雑念から離れられます。

＊2【座禅体験のできるお寺】
「両足院」
〒605-0811 京都府京都市東山区大和大路通四条下る4丁目小松町591　℡ 075-561-3216

おわりに

約10年間に試した膨大な美容法の中で、本当によかったものをすべてご紹介させていただきました（掲載アイテムは全部、私物なんですよ）。冒頭にも書きましたが、今回ご紹介したものを参考に、生活の中に美容を取り入れていただけたら嬉しいです。

美容を続けて気づいたことは、一つ扉を開けたらまた次の扉が開くということです。シートパックで肌がみずみずしくなれば、くすみが気になり「もっとクリアな肌になりたい！」とパックや美容液への扉が開く……。みなさんにはこの扉を開け続け、トライ＆エラーを繰り返しながら自分に合うものと出会ってほしいと思います。

今回ご紹介した美容アイテムは、美容を続けた私の中の真実ですが、世にたくさんあるものの中から自分に合う美容法を知るにはただ一つ。「自分で試すこと」です。

美容の旅を続けるうちに自分が好きなものや、癒されるもの、合うものがカテゴリー別にハッキリわかるようになると思います。その頃には間違いなくみなさんはキレイになっていますし、必ずや心の変化も感じると思います。

激動の時代と言えるいまを笑顔でしなやかに生きていくには、自分を理解し、ご機嫌にすることが何より大切だと感じています。

生きていると毎日本当に、いろんなことがありますよね。でも大人の自分を構ってケアしてくれる人は自分以外いないんですよね（笑）。そんなとき強い味方になってくれる存在が「美容」です。

本の中でも何度かお伝えしていますが、キレイになるには続けることが一番の近道です。現代に生きる私たちは本当に忙しいですが、楽しみながら工夫をして一緒に美容を続けていきましょう！

この本を最後まで読んでいただいて本当にありがとうございます。私にたくさんの美容法を教えてくれたみなさんありがとうございます。タイトなスケジュールの中、丁寧に作り上げて下さったスタッフのみなさまありがとうございます。読者のみなさまが美容の力で、さらにキラキラと輝いた日々を送れますように。

２０２３年３月

ＭＥＧＵＭＩ

[著者]
MEGUMI（めぐみ）
女優、タレント。1981年9月25日生まれ、岡山県出身。2001年芸能界デビュー。08年結婚、翌年第1子を出産。雑誌やテレビ番組の他、多くのドラマ・映画に出演する。20年2月、映画「台風家族」「ひとよ」で「第62回ブルーリボン賞」助演女優賞を受賞。現在は代表取締役社長として、個人事務所や金沢のカフェ「たもん」の経営も行っている。美容好きが高じてデビュー時より試した美容法は1000以上。女性がより自信をもって輝くための美容情報の発信にも力を入れている。
Twitter: @calmakids
Instagram: @megumi1818

[監修者]
長尾 沙也加
医師。THE ROPPONGI CLINIC 六本木院・恵比寿院代表。抗加齢学会専門医、日本医師会認定産業医。愛知医科大学卒業。東京医科歯科大学医学部附属病院の関連病院である、国家公務員共済組合連合会東京共済病院、および東京医科歯科大学医学部附属病院にて、皮膚科、麻酔科、内科にて美容皮膚科医として勤務。その後、多数の美容皮膚科で経験を重ね、2020年8月THE ROPPONGI CLINICを開業、現職。

キレイはこれでつくれます

2023年4月18日　第1刷発行
2024年7月16日　第20刷発行

著　者――MEGUMI
発行所――ダイヤモンド社
〒150-8409　東京都渋谷区神宮前6-12-17
https://www.diamond.co.jp/
電話／03･5778･7233（編集）　03･5778･7240（販売）

カバー・本文撮影―217..NINA
デザイン――矢部あずさ（bitter design）
ヘアメイク―加藤恵
スタイリスト―大浜瑛里那
衣装協力――（P77）ピンクブラウス／プルーン ゴールドシュミット（メゾン・ディセット），（P90）リネンジレ、リネンベアドレス／共にルーム エイト（オットデザイン）
【衣装問い合わせ先】メゾン・ディセット　03-3470-2100
オットデザイン　03-6824-4059
製作進行――ダイヤモンド・グラフィック社
印刷／製本―三松堂
編集協力――杉本透子・藤倉忠和
編集担当――石塚理恵子

ISBN 978-4-478-11729-3